o PROBLEMA
É SEU

AUTOR *BEST-SELLER*
TIAGO BRUNET

O PROBLEMA É SEU

Editora Vida
Rua Conde de Sarzedas, 246 – Liberdade
CEP 01512-070 – São Paulo, SP
Tel.: 0 xx 11 2618 7000
atendimento@editoravida.com.br
www.editoravida.com.br

©2021, Tiago Brunet

Todos os direitos desta obra reservados por Editora Vida.

Proibida a reprodução por quaisquer meios, salvo em breves citações, com indicação da fonte.

Todos os grifos são do autor.

Scripture quotations taken from Bíblia Sagrada, Nova Versão Internacional, NVI ®. Copyright © 1993, 2000, 2011 Biblica Inc. Used by permission. All rights reserved worldwide. Edição publicada por Editora Vida, salvo indicação em contrário.

Todas as citações bíblicas e de terceiros foram adaptadas segundo o Acordo Ortográfico da Língua Portuguesa, assinado em 1990, em vigor desde janeiro de 2009.

Editor responsável: Gisele Romão da Cruz
Editor-assistente: Amanda Santos
Preparação: Sônia Freire Lula Almeida
Revisão de provas: Elaine Freddi e Josemar de Souza Pinto
Diagramação e capa: Arte Vida e Claudia Fatel Lino

1. edição: fev. 2021

Dados Internacionais de Catalogação na Publicação (CIP)
(Câmara Brasileira do Livro, SP, Brasil)

Brunet, Tiago
    O problema é seu / Tiago Brunet. -- 1. ed. -- São Paulo : Editora Vida, 2021.

    ISBN 978-65-5584-189-3

    1. Autoajuda 2. Felicidade 3. Moral cristã 4. Oração 5. Sabedoria - Aspectos religiosos I. Título.

20-53481   CDD-158

Índices para catálogo sistemático:
1. Autoajuda : Felicidade : Psicologia aplicada 158
Aline Graziele Benitez - Bibliotecária - CRB-1/3129

SUMÁRIO

Prefácio 7

Introdução 9

1. O que é sabedoria? 13

2. Os caminhos da sabedoria. 37

3. As cinco moradas da sabedoria 69

4. As 12 lições para manter o relacionamento
   com a Sabedoria 99

5. Os frutos da sabedoria. 129

6. Pare de criar problemas. 157

7. A sabedoria do não 187

8. A verdadeira prosperidade. 215

9. A voz no meio do caminho 249

10. Enxergando o próximo passo. 273

Conclusão 293

PREFÁCIO

Há um provérbio sueco que diz: "O melhor lugar para se encontrar uma mão amiga é na extremidade do seu próprio braço". Você nasceu para ser um solucionador de problemas! A questão não é que o *seu problema* é muito grande, mas que o seu eu atual é muito pequeno para lidar com isso neste momento. Conforme você aprende, também cresce. Seu problema é de tamanho determinado, mas você sempre pode crescer.

Neste livro, meu amigo Tiago Brunet fornece os fundamentos para resolver os seus problemas. Você aprenderá valores essenciais. Você crescerá e, conforme for crescendo, perceberá que seus problemas vão diminuindo.

Problemas são parte normal da vida. Por definição, um problema é algo que pode ser resolvido. Se algo não pode ser resolvido, não é um problema — é um fato da vida. Então, nunca faça de um fato um problema. E nunca faça de um problema um fato da sua vida.

Quando você se apropria da resolução de um problema, começa a perceber quanto poder você tem para mudar. O seu problema não é o problema, mas a sua atitude diante do problema é a questão. Muitos compram livros, e poucos os leem. Muitos querem crescer, e poucos aceitam a dor. Muitos querem ser mais felizes, e poucos mudam. Steven Bartlett diz: "Intenção não é nada sem ação, mas ação não é nada sem intenção. O progresso acontece quando suas intenções e ações se tornam a mesma coisa".

Ou você é parte do problema, ou parte da solução. Você tem o luxo de escolher. Ao escolher ser parte da solução, o seu caráter será fortalecido, a sua coragem será mais arrojada, as suas convicções crescerão mais fortes e o seu compromisso será mais bem estabelecido. Enquanto lê este livro, você vai perceber que está na estrada para uma vida melhor! Aproveite a viagem!

DALE C. BRONNER
Autor *best-seller*, empreendedor e bispo da
Word of Faith Family Worship Cathedral
Atlanta, GA, EUA.

INTRODUÇÃO

"A sabedoria é a luz que ilumina seus passos.
É o GPS que aponta os caminhos da vida."
— TIAGO BRUNET

Este livro é um guia para a sua jornada neste mundo.

É uma resposta para quem está perguntando: "Como ponho a minha vida em ordem com tantos problemas?".

A maioria dos seres humanos, em determinado momento da vida, entra em colapso em alguma área por conta de seus problemas, quer emocionais, quer financeiros, quer familiares. Alguns, na realidade, já beiram o estado terminal da existência em decorrência dessa situação.

Escrevo este livro em oração para que ele se transforme em um guia para a conquista da mentalidade divina que é a sabedoria, ou seja, a forma de pensar de Deus.

Em *O problema é seu*, você não apenas aprenderá a solucionar os problemas que surgem pelo seu caminho, mas também a nunca mais criar outros ao compreender, em essência, o significado da sabedoria e incorporá-la à sua vida.

Por meio da Sabedoria Milenar, que será trazida por diversas vezes ao longo deste livro, você descobrirá soluções práticas, verdadeiras e muito claras para resolver a sua situação atual, seja nos negócios, seja na família, seja em relação à sua própria existência.

A Sabedoria Milenar tem sido a bússola da alma da humanidade. Funciona como o remédio que nos provê a cura e também como o escudo que nos protege. Com a aplicação dela, o filho aprende a ser obediente aos pais; o marido, a ser fiel à esposa; os cidadãos, a orarem pelos governantes; etc. Em suas páginas eternas, aprendemos itens importantes como: mais vale dominar as próprias emoções do que conquistar uma cidade.

Será também, à luz da sabedoria, que você será apresentado aos seus dois tipos de problemas, o que mudará para sempre a sua visão a respeito do assunto: os problemas causados por você e os problemas enviados por Deus. Seja de um tipo ou de outro, é fato que, por estar na sua vida, *O problema é seu.*

Você entenderá os mecanismos que os desencadeiam, os sinais que os antecedem, quais são as principais causas (onde mora o perigo) e até mesmo como certos problemas podem preparar você para se tornar quem realmente deve ser.

Introdução

Por fim, você aprenderá a nunca mais deixar de usar o GPS Sabedoria, que o guiará em direção à resolução dos seus problemas, inclusive daqueles considerados os mais difíceis.

Nas páginas a seguir, farei uma grande revelação sobre o que é a verdadeira sabedoria, quais são os inimigos dela e como combatê-los, como adquiri-la e usá-la de forma simples e eficaz para que seja sempre a solução para os seus problemas. Prometo ainda facilitar a sua vida apresentando exercícios práticos para a fixação deste conteúdo.

Uma parte muito interessante da "caça ao tesouro" que faremos juntos é que vamos descobrir que a Sabedoria é uma pessoa e que ela mora em cinco endereços diferentes, que devem ser acessados por meio de portas específicas. O mais importante é que, ao encontrá-la, você deve guardá-la e protegê-la a todo custo. Tenha certeza de que, ao completar essa missão, você finalmente terá dominado a questão dos seus problemas na sua caminhada terrena.

Acredite: você conhece alguém pela humildade que essa pessoa mostra quando tem tudo e pela paciência quando não possui nada.

Do que você está precisando hoje? De humildade ou paciência?

A Sabedoria pode fornecer a você as duas coisas.

Saiba que, quando se trata dos seus projetos de vida e da resolução dos seus problemas, ela sopra 24 horas por dia aos seus ouvidos as respostas para cada uma destas perguntas:

O quê?
Quando?
Com quem?
Para quê?
Quanto?
Como?
Onde?

Para todas as questões da sua existência, para cada tomada de decisão, a Sabedoria sempre terá uma resposta. Para cada problema que virá na sua direção, a Sabedoria sempre terá uma saída.

Vamos começar?

TIAGO BRUNET
São Paulo, 2021

CAPÍTULO I

O QUE É SABEDORIA?

A comunidade judaica de Sevilha, na Espanha, havia sido acusada, mais uma vez, do crime pascoal: misturar o sangue de um menino cristão na preparação do matze *(pão ázimo) de* Pessach. *Como não havia nenhuma prova, o Grande Inquisidor decidiu submeter o rabino ao juízo de Deus:*

— Colocarei nesta caixa dois pedaços de papel. Em um está escrito a palavra "culpado". O outro está em branco e é prova da inocência. Com os olhos vendados, o rabino deve tirar um dos dois.

Acontece que, na verdade, o inquisidor queria apenas arrasar a Judería *(bairro judeu). Para isso, deu ao seu plano um ar de (falsa) justiça. Nos dois papéis que seriam usados para resolver o caso estava escrita a mesma palavra: "culpado".*

O rabino suspeitou da trapaça e, pensando rapidamente, criou uma forma de desfazer a injustiça. Ele meteu a mão na caixa, tirou um dos papéis, colocou na boca e o engoliu.

A cena, completamente inusitada, despertou a ira do Grande Inquisidor, que esbravejou:

— O que significa isso, judeu? Agora, como vamos saber o que estava escrito nesse papel? — questionou o homem.

O PROBLEMA É SEU

Ao questionamento, o rabino judeu respondeu:

— Muito simples: basta olhar o que diz o papel que ficou na caixa. Se lá estiver escrito "culpado" é porque engoli o que estava em branco. Logo, sou inocente.

E assim aconteceu.[1]

Sabedoria é uma palavra popular e democrática. Se você perguntar de forma aleatória o que ela significa, cada pessoa dará uma resposta diferente. Sim, sabedoria é um enigma quase indecifrável.

Veja no caso da história que abre este capítulo que, para resolver os seus problemas, sejam eles simples, ou difíceis, ou até mesmo "impossíveis", além de fé, é preciso ter sabedoria. O problema do rabino parecia sem solução. E era um problema "de vida ou morte", literalmente. Nessa história, contudo, temos uma prova de como o homem que cultiva a sabedoria em si consegue realizar uma tacada de mestre! Quanta sabedoria!

"Sabedoria é resolver um problema sem criar outro depois."
— TIAGO BRUNET

Como todo mundo tem problemas, todo mundo precisa de sabedoria. Entretanto, o que vou revelar neste livro não vem de mim.

---

1. História da literatura oral sefardita.

O que é sabedoria?

O conhecimento transmitido pela Sabedoria Milenar, ou o livro que chamamos de Bíblia, tem sido efetivo na vida do ser humano há milênios. Até hoje está dando certo! Eu contribuí de certa forma, mas extraí tudo desse livro infalível, como a história que compartilho a seguir.

Muitos séculos atrás, duas prostitutas tiveram um filho cada uma. Certa noite, uma das mulheres, sem perceber, dormiu em cima de seu filho recém-nascido, que estava na mesma cama, e, infelizmente, o sufocou até a morte. Ao acordar e dar-se conta do que havia acontecido, aproveitou que a outra mulher ainda estava dormindo e trocou o bebê já falecido pelo vivo que estava nos braços dela.

É claro, isso deu confusão.

Uma mãe reconhece qual é, e qual não é, sua cria. Na época em que isso aconteceu, quem julgava as causas daquele povo era o próprio rei. Então, o caso foi levado a ninguém mais ninguém menos que o jovem rei israelita Salomão.

Uma das mulheres gritava: "Este é o meu filho. Ela trocou os bebês enquanto eu dormia!". A outra, por sua vez, esbravejava: "Mentira! O morto é que é o seu!".

Então, o rei Salomão pegou uma espada e pediu que trouxessem o menino que estava vivo. Com a arma nas mãos, pronta para ser usada, Salomão declarou: "O caso está resolvido, vou cortar este bebê ao meio e dar metade para cada uma".

O PROBLEMA É SEU

A mãe verdadeira ficou apavorada e gritou a plenos pulmões: "Não!" e prosseguiu: "Por favor, não! Entregue o menino para ela, mas não o mate!".

Enquanto isso, a outra mulher, dando de ombros, disse: "Seja como o rei quiser".[2]

Quando o problema das prostitutas chegou às mãos do rei, tornou-se um problema dele! Salomão, em poucos minutos, resolveu um sério problema sem criar outro. Com essa decisão incrível, ficou fácil descobrir qual era a verdadeira mãe. Afinal, a verdadeira mãe não deixaria o próprio filho ser morto assim. Isso é sabedoria! Não por acaso, esse poderoso e riquíssimo rei de Israel, que viveu por volta de 1.000 a.C., foi considerado o homem mais sábio de todos os tempos e chamou a sabedoria de "a coisa principal" (Provérbios 4.7, *ARC*). Você consegue imaginar isso? De tantas coisas absurdamente importantes nesta vida, Salomão disse que **a sabedoria é a principal**.

Pense comigo! Ao longo de todos esses séculos, nenhum cientista, pesquisador, arqueólogo ou líder religioso foi capaz de contrariá-la efetivamente. A Sabedoria Milenar traz soluções práticas, verdadeiras e muito claras para os seus problemas, negócios, família ou em relação à sua existência. Ela verdadeiramente é o GPS da humanidade.

---

2.   Paráfrase da história completa registrada em 1Reis 3.16-28.

O que é sabedoria?

Do rei Salomão à rainha Elizabeth II, da Inglaterra, governantes e celebridades têm pedido sabedoria a Deus para lidar com os desafios tanto da vida pública como da particular. Os famosos filósofos gregos e os grandes teólogos, desde Agostinho de Hipona (354-430) até Tomás de Aquino (1225-1274), todos ressaltaram a importância de ter e agir com sabedoria.

Somos inclinados, como humanidade, ao que é mau[3]. A sabedoria, como dom que é, ajuda a "limpar" as partes sujas do nosso caráter, purifica a natureza humana. Isso acontece porque, **ao termos sabedoria, somos modelados conforme a mentalidade divina**. A sabedoria está na boca de muitos, mas no coração de poucos. Por essa razão, problemas que poderiam ser evitados começam a surgir.

Ninguém ensina uma criança a mentir ou a bater em um coleguinha. Sabemos também que uma coisa ou outra, talvez até ambas, invariavelmente acontece. A tendência ao mal já está dentro dela, assim como está dentro de mim e de você. Somente com aprendizado diário, correção e educação, a criança terá o comportamento aperfeiçoado e aprenderá a conter esse ímpeto ou reação.

Assim também ocorre com os problemas. O problema é seu e, muitas vezes, criado por você! Muitas vezes somos mestres

---

3. Conforme Romanos 5.12-14, Romanos 3.23 e 1Coríntios 15.21, entre outros.

em criar situações bastante problemáticas na nossa vida. Você já parou para analisar que, no final das contas, a grande maioria dos nossos problemas cotidianos é causada por mais ninguém além de nós mesmos? E o pior, conseguimos dar proporções e intensidades aos problemas que, até então, não tinham, tornando-os ainda maiores; criando, assim, uma verdadeira avalanche que muito provavelmente acabará fugindo do nosso controle.

Quando perdemos o controle diante dos problemas, a situação torna-se potencialmente perigosa. Mesmo que as pessoas consciente ou inconscientemente compreendam isso, continuam caindo nas mesmas armadilhas dos problemas (falarei mais detalhadamente acerca desse tema mais adiante). É por esse motivo que, no mundo ultratecnológico e empreendedor de hoje, o assunto mais buscado pela maioria das pessoas é "Sabedoria." Afinal de contas, **a sabedoria concede a você dois poderes** (poderes que, em absoluto, TODAS as pessoas desejam):

1º poder: TOMAR DECISÕES CERTAS.
2º poder: SOLUCIONAR PROBLEMAS DIFÍCEIS.

A sabedoria alinha o seu comportamento, melhora as suas habilidades e garante a você uma enorme vantagem sobre os demais. Essa vantagem não é medida no sentido de comparação ou competição com outras pessoas, mas tem um bom sentido:

O que é sabedoria?

estar em vantagem é estar à frente para poder guiar as pessoas corretamente. A partir do momento em que somos orientados da maneira correta, somos capazes de tomar as decisões certas.

A sabedoria pode ainda conceder a você a capacidade de resolver problemas difíceis, um dos poderes mais transformadores que podemos experimentar. Quando você consegue resolver os seus problemas complexos, sem criar outros, como consequência da solução, fica claro que cresceu não apenas em sabedoria, mas em maturidade e principalmente em graça.

Agora analise comigo. Qual foi a vez em que você esteve em estado de graça e viu algum sinal de problema? Nunca! Não há espaço para o caos gerado pelos problemas quando você alcança esse nível.

Compreende por que este capítulo é tão importante? Sem conhecer a verdadeira Sabedoria, você perde esses dois poderes!

. . .

Perceba que, para muitos problemas na vida, há sinais capazes de nos preparar para o que nos espera. Nos próximos capítulos, falarei mais sobre como estar atento a esses sinais para que você consiga enxergar a solução, que pode simplesmente estar acompanhando o próprio problema.

Existem, por outro lado, soluções de problemas que apenas geram problemas ainda maiores. Esse é o oposto da sabedoria.

O PROBLEMA É SEU

> **A SABEDORIA soluciona problemas que você nunca deveria ter criado.**

Um exemplo simples é o da pessoa que deve dinheiro a um colega de trabalho e, para resolver esse problema, usa o "cheque especial" de sua conta bancária. Ele **resolve um problema** (não deve mais ao colega), **mas fica com outro pior** (agora deve ao banco), pois, quando estão em baixa, os juros do chamado "limite do cheque especial" no Brasil são altíssimos! Assim, essa pessoa acaba apenas trocando uma dívida por outra, que será muito maior.

Isso não é sabedoria, é postergar a derrota.

Agora pare por alguns instantes para analisar mais de perto essa situação. Você já sabe que faltou sabedoria para esse cidadão lidar com o dinheiro dele. Certamente, ele deixou escapar por entre os dedos o controle de suas finanças, agiu de forma precipitada nos gastos e contou apenas com o "acho que dá pra pagar" no fim do mês, e o restante da história você já conhece. Mas, ao olhar ainda mais fundo para esse caso, podemos chegar à verdadeira origem do problema. Por que ele tomou dinheiro emprestado de um colega? Provavelmente para custear um sonho para o qual ainda não havia se organizado e certamente preferiu não ter que recorrer ao banco para evitar juros; afinal, "com fé em Deus vou quitar essa dívida!".

Afinal, quem estava governando quem? Isso mesmo, nesse caso a emoção assumiu o comando. Quando nos agarramos às

O que é sabedoria?

emoções que turvam a nossa mente, não há espaço para a sabedoria se revelar, não damos tempo para a maturidade chegar e abandonamos o estado de graça!

Aqui vale reforçar o que eu disse na *Introdução*: para cada problema que virá na sua direção, a sabedoria sempre terá uma saída. Fique tranquilo, pois apresentarei mais adiante os endereços da Sabedoria, para que você encontre as portas e nunca mais deixe se perca em meio aos seus problemas.

> **Um problema pequeno que você não derrota hoje se tornará um gigante amanhã!**

SABEDORIA É PENSAR COMO DEUS PENSA

O dicionário jamais irá expressar, seja qual for o idioma, o que é a verdadeira sabedoria. Acompanhe comigo uma definição dicionarizada:

1. qualidade de quem sabe muito 2. acúmulo de muitos conhecimentos; erudição, saber 3. prudência e moderação ao agir; temperança. **Oposto:** imprudência.[4]

Acredito que, ao logo do tempo, a palavra esvaziou-se demais de seu verdadeiro significado, em especial nesta geração, em que

---

4. INSTITUTO ANTÔNIO HOUAISS. **Míni Houaiss:** Dicionário da Língua Portuguesa. Rio de Janeiro: Objetiva, 2001. p. 665.

O PROBLEMA É SEU

o entretenimento gera mais engajamento que o conhecimento. A sabedoria vai muito além de ter conhecimento e agir com moderação. É praticamente indefinível.

Sócrates, famoso filósofo grego, por sua vez, disse que o poder está no saber, e a fraqueza na ignorância. Logo, quem tem sabedoria, que vai muito além do saber, é poderoso.

No meu livro *O maior poder do mundo*,[5] falo sobre os oito poderes que regem a humanidade. A sabedoria é um deles.

Muitos confundem ser culto ou intelectual com ser sábio. Talvez isso esteja relacionado com o conceito dicionarizado. A verdadeira sabedoria, porém, não se prende aos conceitos humanos. Afinal, ela não está disponível na terra dos viventes.[6] Com base nesses conceitos, a sabedoria é um presente divino, um dom espiritual, uma conquista que transcende a vida terrena.

Pesquisando também em outras fontes, vemos que a palavra está relacionada a sapiência ou sagacidade, com origem relacionada ao latim *sapere*: "que tem sabor". Descobrimos ainda que o equivalente em grego, *sofia* (Σοφία), é o termo que equivale ao "saber" e está presente na formação de outras palavras, como "teosofia". Além disso, pode significar habilidade manual, ciência e sabedoria.

Resumidamente, sabe-se que, dependendo do contexto ou do público, um termo tem diferentes definições; é o que chamamos

---

5. BRUNET, Tiago. O maior poder do mundo. São Paulo: Vida, 2018.
6. Cf. Jó 28.28.

O que é sabedoria?

de jargão. Isso acontece com "sabedoria", que tem sentidos diferentes para a filosofia, a teologia ou a psicologia. No sentido mais comum e popular, sabedoria é a qualidade que traz sensatez, prudência, moderação à pessoa; ao passo que no jargão religioso é o "conhecimento inspirado nas coisas divinas e humanas".

De modo geral, a sabedoria está associada a atributos como compaixão, autoconhecimento experiencial, autotranscedência e desapego material, bem como a virtudes como ética e benevolência.

Apesar de tudo isso fazer parte, a sabedoria é muito, mas muito mais do que isso. A minha definição, como teólogo, pesquisador de desenvolvimento humano e pastor por vocação, é: **sabedoria é pensar como Deus pensa.** A mente de Deus no ser humano!

> Sabedoria é pensar como Deus pensa.

É possível um ser humano, com limitações e finitude que lhe são peculiares, pensar como Deus? Sim, eu diria. Para demonstrar que isso seria possível, Deus enviou UM PROTÓTIPO DO SER HUMANO IDEAL, do céu para a terra. Agora temos um exemplo para seguir, um comportamento e uma maneira de pensar para copiar. Você certamente sabe de quem estou falando.

Veja: se alguém, em meio a uma calorosa discussão, desse um tapa bem forte no rosto de Jesus Cristo, o próprio Filho de Deus, o que ele faria?

O PROBLEMA É SEU

(a) Sairia correndo aos prantos.

(b) Ele se vingaria dando um tapa com ainda mais força.

(c) Daria a outra face.

Já sabe a resposta, não é? Certamente, ele daria a outra face. Não é necessário ser cristão para saber disso.

Agora, reflita comigo: se escolheu a opção (c), você sabe como Deus pensa. Você sabe como o protótipo humano ideal agiria. Portanto, é capaz de pensar parecido com Deus.

Infelizmente, saber como Deus pensa e ser capaz de pensar como ele não significa que você escolheria agir como ele. Contudo, é um ótimo indicativo de que você já entende como o próprio Deus gostaria que fossem as coisas.

O desafio deste século é: pense como Deus pensa e reaja como ele reagiria, JESUS É A SABEDORIA EM PESSOA, ele é a VERDADEIRA SABEDORIA!

> **Pense como Deus pensa e reaja como ele reagiria.**

Imagine que, a cada decisão e a cada escolha tomada, você pudesse fazer exatamente o que o Único que já viu o futuro decidiria. Isso, sim, é o que podemos chamar de vantagem! Já refletiu quanto você poderia ajudar as pessoas? Que diferencial isso seria para você organizar a sua vida? Quanto cooperaria para que você construísse um legado para esta e para as próximas gerações?

O que é sabedoria?

QUASE tudo de que você se queixa hoje em dia, ou seja, os problemas que o acompanham, acontece porque você agiu com falta de sabedoria em algum momento da sua caminhada.

Por isso, a nossa busca pela sabedoria resume-se em **buscar a mentalidade divina**, a forma de Deus pensar sobre as coisas.

· · ·

Os que têm idade é que devem falar, pensava eu, os anos avançados é que devem ensinar sabedoria. Mas é o espírito dentro do homem que lhe dá entendimento; o sopro do Todo-poderoso. (Jó 32.7,8)

Um dos quatro livros da sabedoria judaica deixa claro que Jó pensava que a sabedoria vinha com o TEMPO. Depois, contudo, ele mesmo entendeu que é Deus quem dá o entendimento ao homem.

Como vimos, a filosofia, que é o amor pela sapiência, limita a sabedoria a "conhecimento humano". Já a teologia abre as portas para espiritualizarmos o significado desse poder. Com base nessa constatação, quero chamar a sua atenção para os seguintes aspectos da sabedoria:

- Sabedoria é não se achar melhor que ninguém.
- Sabedoria é reconhecer a sua finitude, ou seja, entender que você morrerá um dia.

O PROBLEMA É SEU

- É falar menos e escutar mais.
- É ajudar sem esperar nada em troca.

Ao analisarmos situações cotidianas, conseguimos notar **a presença da sabedoria** em muitos momentos. Por exemplo:

- quando alguém não leva uma fofoca adiante, entende-se que se trata de um sábio;
- quando a mentira ou os exageros não tocam seus lábios, há sabedoria;
- tomar as decisões certas, alinhadas com o seu destino profético é sabedoria;
- escolher as estradas da vida com coerência;
- preferir dar honra ao outro;
- procurar a paz em todo o tempo.

Todo sábio é pacificador.

Em toda a minha busca obstinada para descobrir mais sobre a verdadeira Sabedoria, entendi duas verdades e posso afirmar categoricamente: **todo sábio é um pacificador; todo sábio é humilde**.

Quando você quiser julgar se uma pessoa é sábia ou não, sempre use estes dois filtros: paz e humildade.

Já aconteceu de eu achar que alguém fosse sábio até vê-lo agir com altivez em uma situação. Já pensei, por exemplo, que um antigo chefe que tive era sábio. Tudo mudou assim que descobri

O que é sabedoria?

que ele semeava discórdia entre os próprios funcionários. O sábio consegue "enxergar" o futuro. Sabe quais são as consequências do orgulho e da confusão. Sabe que fatalmente ambos o deixarão à deriva em um mar de problemas.

Ao que me parece, o sábio tem a habilidade de ver o futuro. Como conquistou a forma de pensar e de agir de Deus, tem essa habilidade divina. Exatamente por isso é pacificador. Uma pessoa que já enxergou lá na frente e sabe exatamente o resultado de um conflito ou de uma guerra, se é um pacificador, tem a sabedoria e a humildade de evitá-la.

Quanto à segunda verdade, você já viu o que acontece com um alimento sem conservantes? O alimento *in natura*, como uma fruta descascada, fora da geladeira e sem nenhum condicionamento adequado, diferentemente da fruta "em conserva", não dura muito tempo.

> "O orgulho é a máscara dos defeitos."
> – Talmude

Sofre com a falta de proteção que agentes capazes de manter suas propriedades poderiam lhe dar. **Se a sabedoria fosse comparada a um alimento, a humildade seria o seu conservante.**

Entende isso?

A sabedoria não é como um produto que, ao ser comprado, torna-se propriedade de quem o adquiriu. Pelo contrário, depois que conquista a sabedoria, você muda de nível e tem o desafio de mantê-la.

O PROBLEMA É SEU

Para manter a sabedoria, é preciso humildade, e a melhor coisa de ser humilde é: quem já é humilde não pode ser humilhado! Isso é bom, não é?

Com relação à humildade do sábio, ela também é demonstrada por seu desejo de ser amado de verdade por todos. Existem muitas pessoas que são apenas toleradas, mas o sábio quer mais do que ser tolerado por todos; ele quer ser amado para, consequentemente, ser dotado de um equilíbrio que o capacita a estar em plenitude e a conservar seu estado de sabedoria. Por essa razão, o poder divino tem mais duas funções importantes na vida do ser humano: orientar e cortar.

Orientação é a base dos acertos da vida, e cortar excessos é a única forma de ser uma pessoa equilibrada. Você talvez se pergunte se essas orientações podem ser acessadas tão facilmente assim. E eu respondo: quem tem sabedoria e quer evitar problemas está sempre em busca de orientação!

Sabe a vida que você sonha em viver no futuro? Certamente, há alguém que a vivencia no dia de hoje! Essa pessoa já terá passado pelo que você está passando, se fortalecido diante de problemas vividos, superado barreiras e, com certeza, conquistado a sabedoria que a levou a outro nível em sua própria vida. O sábio alcança o nível de mentor. Ao final deste livro, aplicando cada conceito, você terá atingido esse nível. Por isso, não hesite em pagar o preço de ser

> A sabedoria é uma bússola; um GPS da vida.

O que é sabedoria?

"mentoreado" por alguém que ajudará você a mudar a sua vida para sempre!

Os conselhos são importantes para quem quiser fazer planos, e quem sai à guerra precisa de orientação. (Provérbios 20.18)

Quem sai à guerra precisa de orientação, e com muitos conselheiros se obtém a vitória. (Provérbios 24.6)

Essa instrução é tão valiosa para que você consiga lidar com esse problema que é seu que fiz questão de trazer um capítulo inteiramente dedicado a isso mais adiante neste livro.

Os jovens e adultos desta geração passam por um tempo de polarizações. Como dizem os mais velhos, com eles é oito ou oitenta! É direita ou esquerda. São causas pacíficas ou violentas. Tudo o que acontece atualmente leva-os a movimentos e protestos. São basicamente um barril de pólvora prestes a espalhar problemas.

> **Orientação é a base dos acertos da vida, e cortar excessos é a única forma de ser uma pessoa equilibrada.**

No momento em que escrevo este livro, o planeta está enfrentando uma pandemia causada pelo covid-19, mas o que realmente me assusta é o extremismo instalado em pleno século XXI.

Se você analisar as vitórias da humanidade ao longo da História, os extremistas não fazem parte dela. No entanto, hoje em

O PROBLEMA É SEU

dia, os *haters*, críticos inescrupulosos e todos os tipos de invejosos são cada vez mais comuns.

No meu livro *Especialista em pessoas*,[7] trato da necessidade que todos têm de aprender a lidar com todo tipo de gente. É muito desafiador não permitir que os extremistas ditem os nossos passos e muito menos influenciem o nosso futuro.

Mais uma vez, é preciso recorrer à ajuda da sabedoria para não fazermos parte do time dos extremistas desequilibrados, que são capazes de enxergar problema em tudo e causar uma série de outros problemas ainda maiores.

Veja bem, isso não significa que as desigualdades do mundo devem ser aceitas passivamente, já que isso não seria nada sábio.

> **O sábio alcança o nível de mentor.**

Pensemos, porém, no exemplo de um homem que lutou pelos direitos dos negros nos Estados Unidos. Se não tivesse sabedoria, Martin Luther King Jr., que se tornou o grande líder da luta pela igualdade racial nas décadas de 1950 e 1960 daquele país, diria a seus seguidores para empunharem armas e recorrerem à violência para exigir igualdade de direitos civis e paz para os afro-americanos.

Sem sabedoria, pendemos a agir em extremos, pois perdemos a humildade e pensamos ser os "donos da verdade".

---

7. BRUNET, Tiago. **Especialista em pessoas**: soluções bíblicas e inteligentes para lidar com todo tipo de gente. São Paulo: Planeta, 2020.

O que é sabedoria?

Pomos uma ideia fixa na cabeça e queremos alcançar os nossos objetivos "a qualquer custo". Isso nunca deu certo. Tal falta de sensatez é sempre fonte de problemas, que podem — e devem — ser evitados. Mais adiante neste livro, vou ensinar você a parar de criar problemas também!

Apenas guarde isto: para evitar o problema com os extremos, cultive o equilíbrio, que é o caminho para que a sabedoria prospere em você. Uma vez sábio, você poderá interpretar as situações com razoabilidade e moderação.

> Quem é como o sábio? Quem sabe interpretar as coisas? A sabedoria de um homem alcança o favor do rei e muda o seu semblante carregado. (Eclesiastes 8.1)

Interpretar situações e discernir pessoas também é dom, e considero ser um dos presentes que acompanham a sabedoria.

Discernimento e capacidade de interpretação são o que certamente nos impedirão de confundir as situações que surgem ao nosso redor. Sem esse dom que a sabedoria nos confere, podemos julgar de maneira precipitada, podemos nos ofender rapidamente e não interpretar os sinais iniciais que poderiam evitar uma guerra futura. Também vamos aprender mais sobre isso no capítulo sobre a voz no caminho.

Todo sábio é equilibrado e foge dos extremos.

O PROBLEMA É SEU

Percebe agora como **a sabedoria é a verdadeira solução para o seu problema?**

• • •

Para finalizar este capítulo, entenda que:

- Sabedoria é a habilidade de se relacionar com todo tipo de pessoa, tirando o melhor proveito de cada relação sem causar feridas nos outros.
- Sabedoria é ter a capacidade de se expressar corretamente, de se comunicar com excelência e de fazer escolhas coerentes com o seu destino profético.
- Sabedoria é passar a vida inteira fazendo de tudo para agradar a Deus.
- A verdadeira sabedoria é dar importância ao que é importante para Deus, cumprindo seus princípios milenares e imutáveis.
- A sabedoria é a chave mestra que Deus deixou a você para a resolução dos seus problemas.

O temor do SENHOR é o princípio da sabedoria [...].
(Provérbios 9.10)

SE VOCÊ TEMER A DEUS,
SUBIRÁ O PRIMEIRO DEGRAU
DA ESCADA RUMO À VERDADEIRA
SABEDORIA, PORQUE QUEM TEME
A DEUS ACERTA MAIS NA VIDA;
QUEM TEME A DEUS NÃO SE
METE EM PROBLEMAS QUE TRAVAM
O DESTINO. SIMPLES ASSIM.

APLICAÇÃO

1. Como você costumava definir sabedoria antes de ler este primeiro capítulo? Como você entende a sabedoria agora?

_____

_____

_____

_____

_____

_____

2. Das coisas que você considera fundamentais na vida, quais eram mais importantes do que a sabedoria? Explique com as suas próprias palavras por que a sabedoria se tornou a número 1 agora.

_____

_____

_____

_____

_____

_____

_____

O que é sabedoria?

3. Você acha que é possível ser feliz, equilibrado e próspero sem a ajuda da sabedoria? Explique a sua resposta.

_____

_____

_____

_____

_____

_____

_____

_____

_____

4. Pelo que você aprendeu até aqui, é possível evitar ou sair de problemas sem utilizar a ferramenta da sabedoria? Explique como.

_____

_____

_____

_____

_____

_____

_____

_____

_____

CAPÍTULO 2

OS CAMINHOS DA SABEDORIA

Naquele tempo Ezequias ficou doente e quase morreu.
O profeta Isaías, filho de Amoz, foi visitá-lo e lhe disse:
"Assim diz o Senhor: 'Ponha em ordem a sua casa,
pois você vai morrer; não se recuperará' ".

2 REIS 20.1

A resolução dos seus problemas sempre esteve ao seu alcance. A solução, como mencionado, foi deixada para nós na forma da sabedoria, que é a verdadeira e a principal resposta para todos os males que enfrentamos aqui. A sabedoria está presente nos dias de hoje e, de fato, nunca deixou de estar entre nós. Apesar de ter se mantido escondida ao longo de milênios, sempre desejou se revelar e se apresentar.

Prova disso é quando ela nos mostra sua face diante dos problemas. Estes são diversos, às vezes diários, e capazes de comprometer, muitas vezes de formas severas, as nossas realizações pessoais e profissionais, os nossos relacionamentos, a saúde física, mental e espiritual, as finanças — absolutamente tudo! Todos nós já tivemos e vivemos problemas, e continuaremos a vivenciá-los, porque, acredite, os problemas que, muitas vezes, consideramos como perdas são, na verdade, oportunidades, e você vai entender o porquê disso mais adiante neste livro.

Não há como passar ileso neste mundo. A Bíblia nos diz que aqui teremos aflições, mas que precisamos continuar a ter ânimo, e é exatamente por essa razão que a sabedoria nos foi concedida na medida certa para que caminhemos em meio às tribulações ao longo da nossa vida.

A especialidade da sabedoria é livrar os seres humanos dos problemas, independentemente de que ordem forem, porque ela nos ajuda a fazer os ajustes necessários em cada situação. Invariavelmente, é por meio da dor que ela vem ao nosso socorro. Se a sua angústia está sendo causada por um problema de origem financeira, a sabedoria tem solução. Conflitos no relacionamento "problemático"? A sabedoria tem a resposta. Crises no trabalho, na comunidade? Sabedoria! Problemas de saúde, falta de harmonia, ausência de mansidão? Sabedoria!

Entretanto, a esta altura você já deve estar se questionando que só falamos dos problemas que nós mesmos criamos, mas é óbvio que não existem apenas estes, não é mesmo? O que dizer dos problemas que surgem no nosso caminho provocados por terceiros? Aqueles que parecem ter caído como um raio na

Os caminhos da sabedoria

nossa cabeça, de tão imprevisíveis e inimagináveis?

Para todos estes posso afirmar com toda a certeza que a sabedoria também é a resposta. E digo mais: muitos problemas são enviados por Deus. Mas, antes que você pense que pode se tratar de castigo divino, já vou logo lembrando de algo que você já sabe, mas que, por alguma razão, pode ter se esquecido em determinados momentos: Deus é perito em coisas impossíveis; quanto às possíveis, cabem exclusivamente a você. Então, se ele opera naquilo que não cabe à sua mão humana, você já sabe que a resposta virá de alguma forma para o que não depende de você!

> **O ser humano é especialista em entrar em problemas, até mesmo em criar quando eles não existem. A especialidade da Sabedoria, no entanto, é livrar os seres humanos de tudo isso.**

É preciso que você entenda o seguinte: Deus não deixa nada acontecer na sua vida sem que haja um propósito. Todo problema, tudo o que você perde, ou considera perder, tem um propósito debaixo do Sol. **O Mestre o está preparando para viver algo específico na vida!** Ou você acha mesmo que cumprirá a sua missão sem antes estar pronto? Observe a seguir o exemplo de Moisés para entender melhor o que quero dizer.

Moisés nasceu em um lar hebreu, mas, aos três meses de idade, perdeu os seus pais, e precisava ser despachado para não ser morto

> **Deus é perito em coisas impossíveis; quanto às possíveis, cabem exclusivamente a você.**

diante da perseguição, ordenada pelo faraó, que ocorria naquele tempo contra os primogênitos. Moisés já nasceu perdendo. Ele perdeu a oportunidade de crescer em um lar ao qual tinha direito. Perdeu a oportunidade de ser criado por seu pai e por sua mãe na segurança do seio familiar.

Escapando da morte nos primeiros meses de vida, conseguiu ser encontrado às margens do rio Nilo e foi adotado. Quando finalmente começou a se adaptar à sua nova realidade, com uma criação recebida no palácio, mais uma vez a perda bateu à sua porta. Ele perdeu tudo. Perdeu os seus privilégios de príncipe, o privilégio de ser neto adotivo do faraó e, mais uma vez, teve que lutar pela própria vida.

Moisés precisou fugir para Midiã, e lá outra vez lidou com uma nova condição de vida. Assim, começou a se adaptar aos costumes daquele local, assumindo uma nova vida; casou e constituiu família. E adivinha? Perdeu de novo tudo o que havia construído. Mas por quê? Porque teve que voltar para o Egito para cumprir uma missão ordenada por Deus. De volta ao Egito, Moisés começou a lutar a fim de que o povo de Israel fosse liberto. Ele conseguiu libertar o povo do Egito e o levou às portas da terra prometida, mas ele mesmo perdeu a oportunidade de entrar nela. Ainda assim, Moisés recebeu o direito de vislumbrá-la antes de sua morte e finalmente alcançou a promessa de Deus para ele.[1]

---

1. A história de vida de Moisés está retratada nos livros Êxodo, Levítico, Números e Deuteronômio.

Os caminhos da sabedoria

Moisés, que já nasceu perdendo, pois não causou muitos dos problemas que o cercaram, ainda assim teve que passar por tantas dificuldades. Qual o sentido de tudo isso? Eu digo: simplesmente propósito. Ele precisou atravessar cada tribulação da vida, praticamente desde o seu nascimento até o final dela, para cumprir seu propósito terreno, a vontade de Deus para ele.

Agora preste atenção nisto: o mais importante é que ele não foi lembrado pelo que perdeu, pelo que não alcançou, mas, sim, pelo profeta em que se tornou! Assim como Moisés é lembrado até hoje como um dos maiores líderes de todos os tempos, você não será lembrado pelo que perdeu, por quantas vezes caiu, pelos problemas que teve, mas, sim, por como se manteve firme diante deles, como não desistiu em meio a provações ou provocações, ou diante de lutas pelas quais não pediu para passar, mas mesmo assim teve que superar. Você será lembrado pelos frutos que semeou mesmo com todas as intempéries da vida, com todo o joio ao seu redor. Você será lembrado por cumprir o seu propósito ao se tornar quem foi destinado a ser aqui!

Sabemos que a caminhada nunca é fácil. Ainda mais quando se trata de problemas invisíveis aos olhos humanos, como no caso do desânimo, da falta de esperança ou até mesmo da falta de fé. Nessa caminhada, é quase inevitável não se sentir sozinho, sem o apoio de pessoas que certamente atenderiam ao mínimo sinal de socorro diante de um problema visível.

Mas, diferentemente dos nossos olhos humanos, o divino Espírito Santo enxerga tudo, e de forma antecipada, o que está para acontecer na sua vida.

Portanto, antes que você se sinta tentado a se desesperar de tanto chorar e cerrar os dentes ao encarar os seus problemas, não se esqueça de que Deus não o deixou sozinho neste mundo, sem recursos ou ferramentas para agir quando necessário. Muito pelo contrário!

Você acredita que a sabedoria se revelou em pessoa para nós? Eu reforço: não apenas se revelou na forma humana, como também apresentou os caminhos pelos quais podemos encontrá-la! Conheça a seguir a Sabedoria em pessoa e descubra como é possível acessá-la. Esse será o começo da sua transformação diante dos seus problemas, pois você verá que nunca mais ficará refém deles ao encontrá-la.

A SABEDORIA EM PESSOA

Quando criança, eu costumava ouvir grandes pregadores oriundos de diversos países. Eles visitavam a igreja da qual a minha família e eu fazíamos parte na década de 1990. Era muito interessante saber sobre outros países, ouvir outras línguas. Ter contato constante com estrangeiros fez crescer em mim o desejo de conhecer vários países, de adquirir conhecimento e,

Os caminhos da sabedoria

é claro, de pregar a Palavra de Deus, assim como eu via aqueles pregadores fazerem.

Durante a minha adolescência, antes de eu completar 15 anos, um pregador norte-americano veio ao Brasil para ser o preletor principal da conferência anual da igreja. Lembro-me, como se fosse hoje, de insistir com os meus pais para chegarmos cedo ao templo, a fim de conseguirmos nos sentar em um lugar privilegiado no auditório, que acomodava cerca de 2 mil pessoas.

No jargão conhecido como "evangeliquês", eu diria que o clima naquele dia era "de glória". Eu estava extasiado não apenas pela presença internacional, mas porque, além disso, havia uma grande demonstração de fé e milagres que exalava daquele pregador.

Para que todos na plateia pudessem compreender a mensagem, havia também um intérprete consecutivo na ocasião. O intérprete era encarregado de traduzir cada frase do pregador. Como eu estava bem perto da plataforma, flagrei o momento exato antes de o palestrante tomar o púlpito, quando ele, o tão esperado orador, balbuciava sozinho, como se estivesse fazendo uma oração preparatória.

Nesse breve momento, escutei algo parecido com *"isdom"*. Eu ainda não sabia falar inglês, não entendia aquela palavra, mas fiquei atento ao que o norte-americano dizia. Ele falava muito baixo, mas eu escutei algo mais: *"Guivimi uisdom"*. Anotei isso, exatamente dessa forma, em uma das páginas da minha Bíblia (na época, não tínhamos celulares). Após o término da programação, que realmente foi tão boa quanto as expectativas, ao chegar à minha casa, fui ao dicionário português-inglês que o meu pai havia presenteado a mim e aos meus irmãos anos antes.

Assim que tomei o dicionário em mãos, lembro-me de ter pensado: "Sabia que isto serviria para alguma coisa um dia". E serviu! A minha primeira tentativa de encontrar *Guivimi uisdom* não deu certo, pois obviamente não havia essa expressão. Precisei, então, pensar bastante nas aulas da escola para chegar à conclusão, enquanto folheava as páginas do dicionário, de que o que aquele homem falara em voz baixa, como se estivesse clamando a Deus, na verdade era "*Give me wisdom*", que, em língua portuguesa, significa: "Dê-me sabedoria".

Essa foi a primeira vez que a palavra "sabedoria" prendeu a minha atenção. Quando consulto os arquivos da minha mente, não me lembro de tê-la escutado antes dessa data. Aquele homem, que já demonstrava ser tão culto, pedia a Deus por sabedoria. Tinha que ser importante.

Todos nós precisamos de um ponto de partida, um tipo de "estalo", algo que aconteça **para despertar a nossa atenção para algum assunto necessário na nossa vida**. Alguns, em meio a uma tormenta financeira, têm esse estalo ao escutar a palavra "dinheiro". Outros, nos tempos mais difíceis de sua jornada, têm um ponto de partida com a palavra "Deus".

De certa forma, eu fui atraído naquele dia pela sabedoria. A partir dali, comecei a minha jornada em busca desse poder e de saber como ela se apresenta. E foi assim que descobri a Sabedoria em pessoa.

. . .

Há pouco mais de dois mil anos, o mistério foi desvendado. A revelação da sabedoria aconteceu quando Jesus tornou-se homem e veio à terra habitar entre nós. Ele demonstrou claramente, em cada atitude e em cada palavra, ser a verdadeira expressão e a versão humana perfeita da sabedoria.

A primeira vez que percebi que o Mestre era a Sabedoria em pessoa foi ao ler a passagem do livro da Sabedoria Milenar registrada em Mateus 22. Esse trecho mostra Jesus conversando com conhecedores da Lei de Moisés sobre impostos.

Nessa ocasião, um grupo de fariseus, que pretendia enredar Jesus em suas próprias palavras, enviou mensageiros para questionar o Mestre se era correto pagar imposto a César, o imperador romano que dominava o território de Israel naquela época. A sabedoria em carne e osso respondeu com uma pergunta (como era do feitio dele):

"[...] Hipócritas! Por que vocês estão me pondo à prova? Mostrem-me a moeda usada para pagar o imposto". Eles lhe mostraram um denário, e ele lhes perguntou: "De quem é esta imagem e esta inscrição?". "De César", responderam eles. E ele lhes disse: "Então, deem a César o que é de César e a Deus o que é de Deus" (Mateus 22.18-21).

> **"DEEM A CÉSAR O QUE É DE CÉSAR E A DEUS O QUE É DE DEUS."**

Caro leitor, é possível! Note como somos capazes de sair de um problema como a perseguição; existe um meio de livrar-se de armadilhas sem revidar dor, sem fazer provocação ou magoar! É possível se libertar sem criar mais problemas ou iniciar uma guerra! Jesus nos ensina a não reagir às provocações do Inimigo, que, enraivecido por não poder nos tocar, semeia discórdia, planta dúvidas no coração das pessoas, cismas, irritações, inimizades. Ainda que o Maligno tente nos confundir, dissimulando e causando todo tipo de contenda e situações para nos ludibriar, o Mestre, tal qual na parábola do joio e do trigo (Mateus 13.24-30), nos ensina a não agir com ímpeto e arrasar com tudo, pois, se assim o fizermos, perderemos a nossa plantação de trigo! Ele nos ensina a esperar para discernir o que é bom do que é ruim, porque, ao final, no momento certo da colheita, saberemos como separar um do outro e assim conseguiremos enxergar o que dá fruto bom (o trigo) e o que não dá (o joio).

— 46 —

Esse exemplo nos faz lembrar que sabemos como Deus pensa e age, mas, ainda assim, uma questão pode persistir: como jamais sermos surpreendidos por uma pergunta difícil? Jesus, a Sabedoria em pessoa, não podia ser surpreendido.

Ele jamais é surpreendido, porque ele é a Sabedoria em pessoa, tem a resposta para tudo. Se alguém fosse agressivo com ele, a resposta que ele daria seria o amor; não só porque ele é o amor em pessoa, mas também porque ele sabe que esse seria o caminho mais sábio de sair do problema.

Portanto, quando você tem a Sabedoria em pessoa, tem a resposta de o que fazer diante de qualquer ataque, tem a resposta para qualquer pergunta, tem a resposta para seus problemas. O ponto é este: para termos as respostas para qualquer situação, precisamos treinar a nossa capacidade de não apenas saber como ele pensa e como age, mas também de ser como ele.

Como é possível adotar as atitudes do Mestre na nossa vida? É preciso percorrer um caminho. A seguir, você será apresentado a quatro portas de entrada para um verdadeiro treinamento de resolução de problemas com a Sabedoria em pessoa.

AS QUATRO PORTAS DE ENTRADA

Casa em ordem! Essa foi a ordenança que Deus deu a Ezequias, por intermédio do profeta Isaías, revelada no Livro da

O PROBLEMA É SEU

Sabedoria Milenar. O rei de Israel estava doente e, por amor a ele, Deus o advertiu de pôr a sua casa em ordem de modo que estivesse pronto para partir.

A sabedoria popular nos diz: "A única coisa certa na vida é a morte". É verdade! Todos vamos passar um dia por isso. Nem todos serão avisados com antecedência, como o rei Ezequias, de que terão poucos dias de vida. A advertência para estarmos com a casa em ordem, porém, não deixa de ser válida para cada um. Você precisa estar com a sua casa em ordem sempre, porque não sabemos qual será o nosso dia e a nossa hora.

Ezequias, contudo, não se sentia preparado para ter tão pouco tempo. Ele desejava mais. Então, orou:

"Lembra-te, Senhor, como tenho te servido com fidelidade e com devoção sincera. Tenho feito o que tu aprovas".
E Ezequias chorou amargamente.

Deus ouviu a oração dele:

[...] "Ouvi sua oração e vi suas lágrimas; eu o curarei. [...] Acrescentarei quinze anos à sua vida [...]" (2Reis 20.5,6).

Quinze anos inteiros! Que preciosidade! O que você faria se soubesse que terá mais quinze anos de vida? Como podemos nos preparar para a nossa partida? O que é necessário para pôr a casa

Os caminhos da sabedoria

em ordem e estar realmente preparado? Como saber o que fazer e do que abrir mão, principalmente diante de problemas?

É muito mais fácil se você souber exatamente onde procurar e achar as respostas corretas, não é mesmo? Apesar de você já saber que a sabedoria é o próprio Mestre em pessoa, ela não é algo material, mas abstrato; e sim, é possível encontrá-la, pois, como afirmei no início deste capítulo, ela indicou os caminhos para ser acessada.

Antes de falarmos detalhadamente sobre cada um dos lugares nos quais podemos encontrar a sabedoria, quero dizer que você precisa, em primeiro lugar, passar por "portas". Durante todo este período de busca, desde que me dei conta da existência da sabedoria, descobri que existem portas que dão acesso aos endereços certos para a resolução dos problemas.

Tive o privilégio de visitar muitas dezenas de vezes a cidade de Jerusalém. Todo conceito de portais, tanto espiritual quanto terreno, aprendi caminhando pelas ruas da Cidade Santa. É claro que, por definição e até mesmo lógica, porta é a estrutura de madeira, ferro, vidro ou similares, colocada no vão de uma parede para dar acesso de um lugar a outro. As portas, contudo, também são usadas para: proteção, resistência a invasões, privacidade dos moradores, identificação de quem chega a um local e passagem.

Ao mencionar as portas que dão acesso aos locais **onde se encontra a sabedoria**, quero revelar **por onde ela ENTRA**.

O PROBLEMA É SEU

Quando você pede sabedoria a Deus, o Livro da Sabedoria Milenar diz, em Tiago 1.5, que isso jamais cairá do céu. Não existe transferência de sabedoria por imposição de mãos. Não descerá um anjo do céu para soprar sabedoria em você. Não é assim que ela é conquistada.

Quando você realmente pedir, clamar por sabedoria e buscá-la a todo custo, Deus permitirá que algumas coisas aconteçam na sua vida. Infelizmente, não posso dizer que será como uma avalanche de boas notícias, porque muita coisa negativa também pode acontecer. Todavia, cada uma dessas coisas que você enfrentará permitirá e o ajudará a adquirir sabedoria.

Deus abrirá as portas de acesso ao saber infinito, para que você possa passar por elas e aprender. Por isso, é importante frisar e é muito importante você entender: quais são exatamente quatro as portas de entrada aos endereços da sabedoria:

QUANDO VOCÊ PEDE SABEDORIA A DEUS, ELE DÁ ACESSO A SITUAÇÕES QUE VÃO TRAZÊ-LA ATÉ VOCÊ.

- **Experiências**
- **Observação**
- **Mentoria**
- **Oração**

Acompanhe agora como acessar cada uma delas.

Os caminhos da sabedoria

Porta #1: Experiências

A primeira porta é constituída pelas **experiências**. Elas fornecerão a você graus comparativos, aprendizado empírico e principalmente referências sobre o que dá certo na vida. As experiências são uma ferramenta tão poderosa, que até as vividas por outras pessoas podem nos ensinar.

Jesus disse: "Lembrem-se da mulher de Ló!" (Lucas 17.32). Com isso, ele deixou subentendido: aprendam com a experiência dela!

Sem acumular experiências, não é possível atingir a maturidade, que somente é alcançada quando seguimos degrau por degrau na escada da vida. Sem maturidade, não podemos evoluir em sabedoria, e não existe atalho nessa escalada.

Quando se trata de experiências, a vida, por um lado, por vezes nos oferece algumas incríveis, de puro aprendizado. Por outro lado, há momentos em que nós mesmos precisamos provocar situações para que elas aconteçam.

Uma certeza que temos é que as experiências negativas ensinam mais do que as positivas. O impacto emocional de passar por uma traição, por abandono ou até por rejeição, caso seja usado como experiência para o desenvolvimento, traz mais benefícios do que uma viagem a Paris. Parece estranho, não é? Mas observe esta experiência que tive.

O PROBLEMA É SEU

Eu estava noivo e fui demitido do emprego exatos dez dias da data marcada para o casamento com Jeanine. Fiquei atordoado! Por um minuto, entrei em pânico e pensei em adiar o casamento. Afinal de contas, seria motivo de muita vergonha levar a noiva ao altar sem esperança de sustento futuro. Pensei nos pais dela. O que eles achariam de mim? Fiquei com medo de ser julgado e condenado pelo tribunal das críticas familiares.

Foi então que caí em mim e recorri à Sabedoria, e note que eu ainda não sabia que estava passando pela primeira porta de acesso a ela. Contudo, tinha uma certeza: ela sempre me orientou em momentos de tomada de decisões.

Enfrentei o medo do futuro e, no dia 15 de julho de 2005, eu estava na igreja do bairro em que cresci, esperando pela minha futura esposa no altar.

Tivemos uma festa simples. A igreja não tinha decoração típica de casamento. A lua de mel foi improvisada com os 480 reais que estavam no meu bolso, arrecadados com a "gravata" passada na festa.

Essa experiência pela qual passei não me levou apenas a resolver o problema inicial do medo do julgamento, da incerteza do sustento e do futuro. Com base nessa experiência, que tive de passar em um momento tão importante da minha vida, fui muito além e DECIDI que:

Os caminhos da sabedoria

1. Eu deveria abrir um empresa para nunca mais ficar na "mão de alguém".
2. Eu nunca mais teria medo de tomar decisões baseadas no que a Sabedoria me mostrasse.
3. Eu terminaria tudo o que começasse.

A experiência com esses eventos "ruins", que envolveram a época do meu casamento, me fez entender que é preciso aproveitar o tempo e a oportunidade para tomar as decisões corretas. E eu cheguei a cogitar adiar o casamento! Eu poderia ter desistido da melhor coisa que fiz na vida, que foi me casar com Jeanine, por causa de uma contrariedade.

Lembre-se: quando se trata de adquirir sabedoria, as ocasiões em que superamos traumas e os momentos irremediáveis nos fazem crescer ainda mais rapidamente por dentro. Hoje, tomo decisões e evito problemas com sabedoria e também baseado e influenciado pelas experiências, inclusive as difíceis, adquiridas muitas vezes mediante sofrimentos.

A partir de agora, portanto, recorde-se: cada uma de suas experiências na vida, quer boas quer ruins, dolorosas ou não, são de aprendizado e sempre uma nova oportunidade para alcançar a sabedoria.

Porta 1 acessada! Vamos em frente.

O PROBLEMA É SEU

Porta #2: Observação

A segunda porta está baseada na **observação**. Ela ajuda você a modelar ideias, conceitos e projetos. O comportamento, um dos principais indicadores da sabedoria, também é modelado pela observação, que consiste em se ater, sem pressa, à análise de algo ou de determinada situação. Trata-se realmente de um estudo. Nessa instância, não há espaço para atitudes impulsivas ou prejulgamentos; você apenas deverá assumir uma postura contemplativa diante do que lhe é apresentado, e eu garanto que essa atitude será estratégica para tomar a decisão mais acertada diante de qualquer situação.

Foi por observar com atenção, por exemplo, que Salomão, o célebre rei de Israel, cresceu em sabedoria. A história de vida desse rei revela o quanto ele observava a flora, a fauna, os sistemas em geral e as pessoas. Como vimos no capítulo anterior, ele não só nomeou a sabedoria como "a coisa principal" no Livro da Sabedoria Milenar, como também revelou ser um dos homens mais sábios da história da humanidade; basta relembrar os exemplos que deixou.

Tornar-se um bom observador ensinará você também por meio da comparação. Quanto mais tempo você investir observando e comparando o que deu certo e o que não deu, quem vence e quem perde, os pontos comuns de um sucesso e o que faz parte de um fracasso, mais você crescerá em sabedoria.

Os caminhos da sabedoria

Outro aspecto importante da observação é que ela também está relacionada à interpretação. Cada pessoa aprende ou absorve o mundo exterior de forma diferente. Ao observar à sua volta, o seu coração se torna um filtro que o ajuda a compreender e interpretar as situações. É por isso que o Livro da Sabedoria Milenar diz: "Acima de tudo, guarde o seu coração [...]" (Provérbios 4.23).

Em 2018, levei José, meu filho, para conhecer o Egito. Que viagem fantástica! Foi um tempo precioso, regado a muita cultura e aprendizado. Fomos ao Museu do Cairo, às pirâmides e atravessamos o deserto do Sinai juntos.

Uma cena em especial foi marcante. Estávamos passando por uma cidade onde as casas estavam completamente destruídas. De muitas delas restavam somente tijolos. A pobreza era evidente. Vi que José observava atentamente, pela janela do ônibus em que estávamos, e resolvi consolá-lo, dizendo: "Viu, filho, as casas totalmente destruídas... que pena!". Ele sorriu para mim e respondeu: "Não, pai, você entendeu errado. Elas estão em construção".

Com os olhos marejados, entendi que cada um interpreta o que vê conforme o estado do próprio coração.

Depois desse encontro com o significado da observação, o que você precisa fazer de hoje em diante? Exato! Assumir um comportamento observador para estar atento e, dessa forma, não perder o segundo acesso à sabedoria.

Porta #3: Mentoria

A porta número 3 é a da **mentoria**, a trilha dos sábios. Escolher ser mentoreado é optar por ser aconselhado por quem é especialista na área em que você quer se desenvolver. É permitir-se ser moldado por quem já chegou ao lugar que você sonha alcançar.

Em Provérbios 1.30, a Bíblia diz: "não quiseram aceitar o meu conselho e fizeram pouco caso da minha advertência". Quem é sábio não somente aceita, mas também busca mentoria.

Quem nega a mentoria abre mão de conselhos e repreensões, o que acaba se tornando uma grande tolice, pois, caso você não saiba, a mentoria é a melhor de todas as formas de avançar na vida ferindo-se menos.

Veja a história verídica a seguir, que demonstra a transformação que a mentoria pode exercer na vida de uma pessoa.

O MÚSICO QUE LIMPAVA PISCINAS

Há pouco tempo, recebi um áudio no meu WhatsApp. Era um velho conhecido que também havia se mudado para a mesma cidade em que eu moro, na Flórida, nos Estados Unidos. O áudio dizia: "Tiago, estou desesperado. Preciso pagar o meu aluguel em dois dias. Não tenho dinheiro, não tenho nada! Você pode me ajudar?". De pronto, eu disse: "Posso. De quanto você precisa?". Sabiamente ele me respondeu: "De dez minutos do seu tempo".

Esse pequeno diálogo me remeteu a outro, totalmente inverso; trata-se daquela história bíblica na qual um aleijado está à porta do templo. Aquele homem aleijado, que ali era colocado por outras pessoas para que pudesse pedir esmolas, pode ter dito a Pedro: "Sou aleijado. Você pode me dar uma esmola?". Pedro, então, pediu ao homem que olhasse para ele e para João, que o acompanhava, e disse: "Não tenho prata nem ouro, mas o que tenho, isto lhe dou. Em nome de Jesus Cristo, o Narazeno, ande".[2]

Observe a diferença na escolha desses dois homens. O do relato bíblico pediu uma esmola, ou seja, dinheiro, a um desconhecido e ganhou o direito de andar sobrenaturalmente. Já ao meu conhecido dei-lhe explicitamente o direito de pedir dinheiro, mas ele preferiu pedir dez minutos do meu tempo. Somente dez minutos. Aquilo me intrigou.

Bom, marcamos um encontro e paguei um café para meu amigo. Curioso sobre ele ter pedido dez minutos do meu tempo, perguntei:

— Por que você está desempregado?

— Eu limpo piscina, estou vivendo aqui nos Estados Unidos há seis anos e nada dá certo na minha vida, nada acontece.

---

2. Todo o relato da cura do pedinte aleijado está descrito em Atos 3.1-10.

O PROBLEMA É SEU

— O que você mais gosta de fazer? — instiguei.

— Eu sou músico, mas música não dá dinheiro.

— Além da música, que é do que você gosta, o que faz de melhor na vida? O que as pessoas reconhecem que você faz com excelência? — insisti.

— Guitarra, quando toco guitarra!

Assim, o nosso diálogo prosseguiu. A tudo o que eu perguntava, a resposta dele sempre estava relacionada à música. Continuei perguntando:

— Você considera que já teve sucesso por algum período na sua vida?

— A melhor época de toda a minha peregrinação neste mundo — prosseguiu ele — foi há quinze anos, quando eu tocava em uma banda. Eu fazia gravação em estúdio. Ah, era como um sonho!

Sorri e esbravejei:

— Jovem, me diga uma coisa: já estamos aqui conversando há dez minutos e tudo sobre o que você fala tem a ver com música, guitarra, estúdio. Por que você foi limpar piscina?

— Porque me disseram que é muito difícil trabalhar com música aqui.

— Quem disse? — retruquei.

— Não lembro — respondeu.

— PARE de escutar a opinião dos outros e siga conselhos de quem sabe mais do que você! Fique em pé — falei olhando nos olhos dele. — A partir de hoje, você é professor de violão e guitarra. Você vai fazer panfletos, físicos e virtuais, e distribuir nos bairros e nos grupos de Facebook e WhatsApp. Você irá até mesmo à porta das escolas onde os filhos de brasileiros e latinos estudam aqui e vai começar a dar aulas de música. É só fazer o cálculo! De quanto você precisa para o seu aluguel?

— Dois mil dólares — respondeu.

— Quanto custaria cada aula sua?

— Seria uns 60 dólares.

— De quantos alunos você precisa então? — continuei apenas fazendo perguntas.

Cerca de um mês depois, recebi outra mensagem de áudio dele. Chorando, acompanhado da esposa, ele dizia: "Quem é você de verdade? Eu conheço você há anos e nunca pensei em você como mentor. Em quem você se tornou?". Ele chorava muito, mas continuou, em meio a soluços: "Acho que a nossa proximidade no passado me impediu de ver a oportunidade que estava à minha frente no presente. Milhares de pessoas pagariam uma fortuna para estar com você pessoalmente e receber conselhos. Eu tinha esse acesso e estava padecendo necessidades por falta de um destino claro. Tiago, só sei de uma coisa: o meu aluguel está mais do que pago, estamos planejando sair do aluguel". A mensagem não terminou aí. Aquele antigo conhecido seguiu agradecendo e declarando:

"Tiago, eu não sei como posso retribuir, você é um desenhador de destino".

Quando a sabedoria está com você, as pessoas o procuram, muitas vezes em busca de ajuda financeira, outras por no máximo dez minutos do seu tempo e nada mais. No entanto, isso pode ser o suficiente para mudar o futuro de gerações.

Essa é a terceira porta que ajudará você a se aproximar da sabedoria. Você é capaz de imaginar ser guiado por um verdadeiro GPS da vida que o conduzirá aos caminhos certos? É por isso que reforço a importância de pagar pelo preço de ser mentoreado por alguém, ou por mais de uma pessoa, que seja capaz de fazer você agir como a Sabedoria em pessoa.

Porta #4: Oração

Chegamos à última porta de acesso à sabedoria, a **oração**. Esta é a principal porta de acesso ao mundo espiritual.

Eu não sou religioso, mas sou espiritual. Compreendo que é possível ter acesso ao mundo espiritual quando fazemos orações sinceras. Para mim, não é possível conceber viver neste mundo, cheio de injustiças e dor, sem a esperança de um mundo vindouro. Eu não posso duvidar de que existe, sim, alguém, um ser perfeito e superior, que cuida de mim e está ao meu lado traçando os meus próximos passos.

Os caminhos da sabedoria

Portanto, a forma mais prática de estar conectado ao mundo espiritual é a oração.

Quem ora consulta o futuro com a única pessoa que o viu! Quem ora faz, também, a melhor das terapias individuais e de forma totalmente gratuita.

O Livro da Sabedoria Milenar nos ensina que quem ora com fé pede e recebe.[3] Há, porém, algo ainda mais importante a considerar aqui: quem ora é mentoreado pelo Criador do mundo.

Acabamos de ver que a penúltima porta é a da mentoria e como ela pode mudar profundamente nossa vida. Imagine então ser mentoreado pelo próprio Criador!

> Quem ora é mentoreado pelo Criador do mundo.

Vamos observar o exemplo que nos deixou a Sabedoria em pessoa: *Jesus subia os montes de madrugada* para orar. Mesmo depois de um dia cansativo de curas e milagres, ou naqueles em que teve de enfrentar angústia e tensão, ele nunca deixava de ir a um lugar tranquilo em busca de solitude para orar.

Todos os problemas que EXCLUÍ *definitivamente* da minha vida tiveram solução porque eu estava de joelhos no chão. Eu estava em oração!

Lembro-me da primeira conferência Destino, em setembro de 2017. Um mês antes do evento que mudaria a minha vida

---

3. Cf. Mateus 21.22; Lucas 11.5-10; Marcos 11.23,24; Tiago 1.6, entre outros.

ministerial para sempre, eu estava eufórico e radiante. Quanta expectativa!

Com a graça e a permissão de Deus, eu conseguira confirmar os preletores internacionais que antes só via pela televisão ou no YouTube. Um deles, até mesmo, viria a ser um grande mentor na minha vida. Fazia anos que eu o cercava de todos os lados tentando uma aproximação. Enfim, tudo estava se realizando. Um grande sonho se tornava realidade.

Contudo, em uma terça-feira à tarde, faltando exatamente 29 dias para a conferência que vinha sendo preparada com tanto esmero havia tanto tempo, o pastor que me emprestara o templo da igreja para a realização do evento para 900 pessoas me deu uma triste notícia. Houvera um sério problema com o proprietário do galpão no qual a igreja estava instalada. O prédio teria de ser devolvido imediatamente. A conferência teria que ser cancelada!

"Meu Deus! Não acredito nisso! Lutei tanto até aqui. Não é possível. Meu Deus, meu Deus...", foi o que me lembro de ter clamado naquela hora. Lembro-me também de ter caído de joelhos, prostrado. Comecei, então, a orar. Agradeci a Deus por ter chegado tão longe. Eu, que nada mais era do que um garoto criado no subúrbio do Rio de Janeiro e ex-aluno de escolas públicas, não me sentia merecedor de estar onde estava.

Naquele exato momento, houve transformação na minha mente e GRITEI: "Deus, se queres que eu avance ainda mais, se está nos teus planos eternos que eu *não* termine por aqui, ABRA uma porta! Providencie para mim um único sinal! Fala comigo, Senhor, e seguirei adiante!". Foi uma oração de desespero, mas também foi uma oração de extrema confiança de que Deus poderia mudar aquele cenário aterrorizante!

Para esfriar a cabeça e arejar os pensamentos, saí sozinho e sem rumo caminhando pelas ruas. Entrei em um *shopping* perto da casa onde morava para tomar um café. Nesse momento, escutei alguém me chamar: "Tiago... Tiago...". Olhei para o lado e vi um homem jovem. Ele vestia terno e gravata e sorria. Ele se ofereceu para pagar o meu café. Lembro de ele ter dito: "Assisto às suas aulas às quartas-feiras". Em 2017, eu tinha um projeto chamado Escola de Sabedoria, no qual eu ministrava aulas toda quarta-feira em Alphaville, na cidade de Barueri, em São Paulo.

— Que bom! Obrigado pelo café — respondi.

Aquele jovem percebeu que eu aparentava estar desanimado e perguntou o que estava acontecendo. Mesmo sendo bastante reservado com pessoas com as quais não tenho intimidade, comentei a má notícia sobre a conferência.

— Ué! Você não é pastor? Tenha fé! — contestou ele.

Gente, acho que as pessoas acreditam que um título nos torna resistentes a qualquer tipo de vulnerabilidade. Um médico nunca fica doente? Uma decoradora nunca terá itens em casa que outros considerem de mau gosto? Um pastor jamais fraqueja na fé?

Retomando a conversa com o rapaz, ele continuou dizendo:

— Eu conheço pessoas na prefeitura. Vou ligar para lá e saber se o ginásio da cidade tem as datas da conferência disponíveis.

Resumindo a longa história, ele conseguiu o novo local. Problema resolvido. A diferença era que teríamos espaço para 5 mil pessoas em vez das mil inicialmente previstas. As boas surpresas não pararam: em apenas 28 dias, mais 4 mil ingressos foram vendidos. A Destino 2017 entrou para a história de milhares de pessoas.

TODO esse milagre começou com **uma oração desesperada!**

• • •

Para finalizar este capítulo, entenda que:

- A Sabedoria em pessoa desejou se revelar e se apresentar a nós, tanto que assumiu a forma humana na pessoa de Jesus.
- A Sabedoria mostrou-se acessível, indicando quatro portas pelas quais podemos ter acesso direto a ela.
- A Sabedoria não pode ser surpreendida, pois ela tem sempre a resposta exata para qualquer situação.

Em seu coração o homem planeja o seu caminho, mas o Senhor determina os seus passos. (Provérbios 16.9)

AS SUAS PERDAS NÃO DEFINEM QUEM VOCÊ SERÁ, TAMPOUCO DEFINEM COMO DEUS VAI USAR VOCÊ NEM COMO SERÁ A SUA HISTÓRIA.

AS PERDAS NÃO ACONTECEM PARA DETER, MAS PARA AJUSTAR VOCÊ, POIS NESTA VIDA TERRENA SÓ VENCE QUEM SOBREVIVE A ELAS.

APLICAÇÃO

1. Como você buscava a sabedoria antes de ler este capítulo?

_____

_____

_____

_____

_____

_____

2. Como você irá acessar a sabedoria agora?

_____

_____

_____

_____

_____

_____

Os caminhos da sabedoria

3. É possível encontrar as soluções dos seus problemas sem antes passar pelas portas de acesso à sabedoria? Explique a sua resposta.

4. Defina o que você precisará fazer na vida para atravessar cada uma das quatro portas que levam à sabedoria. Explique como.

CAPÍTULO 3

AS CINCO MORADAS DA SABEDORIA

Esforço-me para que eles sejam fortalecidos
em seu coração, estejam unidos em amor e
alcancem toda a riqueza do pleno entendimento,
a fim de conhecerem plenamente o mistério de
Deus, a saber, Cristo. Nele estão escondidos
todos os tesouros da sabedoria e do conhecimento.
COLOSSENSES 2.2,3

Durante todo o meu período de busca pela sabedoria, desde que me dei conta de sua existência e de que ela é a resposta para todos os meus problemas, fiz a descoberta das quatro portas (experiências, observação, mentoria e oração), conforme vimos no capítulo anterior, para explicar como você pode chegar cada vez mais perto da Sabedoria. Agora, deste ponto em diante, você adentrará uma jornada em busca das **moradas da sabedoria**.

O melhor desta missão é que já indiquei a você por onde andaremos; então, mantenha o mapa das quatro portas para não se perder durante a expedição. Nesta primeira vez, serei basicamente um guia, apresentando o caminho. Em seguida, você entenderá que pode voltar quantas vezes quiser e forem necessárias a cada uma dessas moradas e, assim, passar a ter a companhia da Sabedoria com a frequência que desejar.

> **Deus não se mete em problemas, mas ajuda bilhões de seres humanos todos os dias a sair deles. Temos de aprender com quem mais entende do assunto!**

As pessoas geralmente gastam muitos anos na vida buscando pela Sabedoria, pois quem descobre onde ela reside, ou seja, quais são seus endereços, e os visita com frequência, encontra o *mindset,* isto é, a mentalidade daquele que construiu reinos, que preservou a nossa espécie ao longo dos milênios e que promoveu os maiores avanços da humanidade. Já imaginou ter a maneira de pensar que ele demonstrou?

No entanto, as pessoas procuram a Sabedoria em lugares aleatórios, na esperança de saírem de situações difíceis. A realidade, porém, é que, quando caminhamos pelos lugares certos e de maneira constante, economizamos anos preciosos do nosso tempo. A lógica é simples: assim como cada um de nós tem endereços fixos em que outras pessoas podem nos encontrar, a Sabedoria também possui os seus próprios endereços.

Ela vive em cinco lugares. Nenhum deles é palpável. Nenhum deles tem nome de rua, número de residência, código postal, cidade, estado ou país; mas todos esses endereços ainda assim são acessíveis.

> **As pessoas procuram a Sabedoria em lugares aleatórios, na esperança de saírem de situações difíceis.**

Contudo, é preciso que você esteja disposto a investir o seu tempo para visitá-la e seu esforço para conquistá-la diariamente conforme você verá mais adiante neste livro.

CASA 1 – A CASA DA HUMILDADE

Antes de adentrar na **casa da humildade**, é preciso ter em mente que somente quando você cumpre as instruções transmitidas pela Sabedoria Milenar (e aqui entra a dificuldade da vida, que é seguir firmemente essas orientações, por isso exige esforço) é que começa a gerar resultados; em outras palavras, os mandamentos geram vida. Eles não garantem uma vida sem que você seja repreendido, mas, sim, uma vida abundante.

No livro de Provérbios, lemos: "O temor do SENHOR ensina a sabedoria, e a humildade antecede a honra" (15.33).

Analise comigo: o que precede a honra? Exatamente, a humildade. Antes da honra vem a humildade, porque você jamais amará ser repreendido nem seguirá uma instrução sequer se não for humilde.

O PROBLEMA É SEU

A humildade tem uma aparência que demonstra ser fácil de ser conquistada, mas como é difícil mantê-la! Parece fácil ser humilde, mas é justamente este o pré-requisito mais complexo para obter e guardar a sabedoria, e você já deve até imaginar o motivo: o orgulho.

Humildade não é pobreza, mas deixar o orgulho de lado. Trata-se de uma luta feroz.

> **Assim como cada um de nós tem endereços fixos em que outras pessoas podem nos encontrar, a Sabedoria também possui os seus próprios endereços.**

Pense em quantas vezes você já pediu perdão a alguém por ter agido com orgulho em relação a ela. Pedir perdão por qualquer coisa que seja já exige a humildade de reconhecer um erro. Agora, reconhecer o orgulho como erro é realmente difícil.

Por essa razão, a humildade consiste em você matar o que acha que é. Humildade é pôr o seu ego e o seu orgulho no lugar que eles devem ocupar. O orgulho nunca pode falar mais alto do que você. Ele nunca pode falar mais alto do que a sua razão. A sua emoção não pode se sobrepor, pois o orgulho é algo emocional. Como ensino no livro *Emoções inteligentes*,[1] a inteligência emocional consiste nos seguintes frutos do Espírito: domínio próprio, mansidão. Quando não estamos em poder dessa inteligência, não

---

1. São Paulo: Novo Século, 2018.

As cinco moradas da sabedoria

governamos a nós mesmos, e a partir daí não assumimos o controle de mais nada; os nossos impulsos tomam a dianteira.

Antes de ser honrado, você deve ser humilde, porque a humildade é a arma que o levará a amar as instruções que farão você resolver os seus problemas. Para irmos mais a fundo nesse ensinamento, acompanhe a história[2] apresentada a seguir.

> A inteligência emocional consiste nos frutos do Espírito.

Naamã era capitão do exército do rei da Síria, um grande homem diante do seu senhor e de muito respeito, pois fora por meio dele que o SENHOR havia concedido livramento aos sírios. Portanto, ele era considerado um herói valoroso, mesmo sendo leproso.

As tropas dele saíram da Síria para a terra de Israel e, nessa ocasião, levaram presa uma menina que ficou a serviço da mulher de Naamã.

Aqui começa uma história muito triste. Essa menina estava na casa dela em Israel, sendo criada por seus pais, como deveria ser, até que chega um exército inimigo, invade a cidade de Jerusalém, sequestra todo mundo e a leva como escrava.

Sabemos que uma criança nunca para de sonhar. Os sonhos de uma criança somente são interrompidos quando ela é privada da segurança de seus pais e é levada a trabalhar à força; foi o

---

2. A história de Naamã aparece em 2Reis 5.

> Quando vem o orgulho, chega a desgraça, mas a sabedoria está com os humildes.
> (Provérbios 11.2)

que aconteceu com essa menina, que foi despachada de Israel para a Síria e obrigada a trabalhar para a família de seu sequestrador, Naamã.

Ela começa a trabalhar na casa do opressor, que provavelmente matara seus pais para que ela tivesse sido levada naquelas circunstâncias. Ela teria que ficar cara a cara com a pessoa que mais lhe fizera mal, que lhe havia tirado tudo e mudado seu futuro. Todos os dias ela teria que servir à mulher daquele homem: lavar, passar, cozinhar, enfim, fazer tudo o que eles mandassem.

No entanto, acima da honra veio a humildade; por isso, a menina disse à sua senhora: "[...] 'Se o meu senhor procurasse o profeta que está em Samaria, ele o curaria da lepra' " (2Reis 5.3).

Ponha-se, por um momento, no lugar dessa menina. Imagine ter que frear a tentação de comemorar ao ver a carne caindo daquela pessoa que lhe havia feito tão mal! Pois essa menina machucada poderia sentir que tinha, sim, todo o direito de tripudiar aquele homem ao vê-lo chegar em casa, tirar a armadura de general e mostrar a carne apodrecida pelas feridas da lepra. Ela poderia dizer a si mesma: "Viu o que acontece com quem toca na ungida do Senhor?! Viu só o que acontece com quem não serve a Deus? Exatamente isto!". É fato que, às vezes, usamos a Bíblia para machucar o próximo, mesmo que Jesus tenha vindo para dar a vida pelo próximo.

Aquela menina sequestrada, emocionalmente raptada, em completa desvantagem, olha para o capitão que lhe roubara o futuro e, ainda assim, entende que ele está pior do que ela, porque, mesmo sendo escrava, não tinha os dias contados como Naamã.

Preste muita atenção nisto: a nossa personagem não permitiu que a raiva fosse mais forte do que o princípio de abençoar o próximo. Isso é humildade! Isso é não deixar que o inimigo chamado orgulho triunfe sobre a nossa vida!

Ela fez o bem, pondo aquele homem no lugar certo e na hora certa, pois Naamã foi curado de sua condição graças à indicação daquela menina escrava. Mais do que fazer o bem, aquela menina não desejou o mal a Naamã, para que ele morresse.

Não sabemos o que aconteceu depois que Naamã voltou para casa curado, mas de uma verdade sabemos: mais de dois mil anos se passaram, e aqui estamos falando dela. A nossa heroína entrou para a história da humanidade por causa da humildade!

O Mestre sempre vai provar o seu coração antes de passar você para o nível seguinte. Por isso, não pense que agir com humildade, fazendo o bem até mesmo para quem lhe fez o mal, é um castigo divino.

> **O Mestre sempre vai provar o seu coração antes de passar você para o nível seguinte.**

Na realidade, trata-se de uma prova que o levará à próxima fase, onde tudo começará a acontecer de uma forma verdadeiramente sobrenatural na sua vida. Você começará a ter as respostas para os seus problemas.

CASA 2 – O QUARTO DO SILÊNCIO

A segunda morada da sabedoria não é bem uma casa, mas um quarto. No Livro da Sabedoria Milenar, lemos:

"Mas, quando você orar, vá para seu quarto, feche a porta e ore a seu Pai, que está em secreto. Então seu Pai, que vê em secreto, o recompensará" (Mateus 6.6).

É no quarto que Deus nos diz para orar. O **quarto do silêncio** é o local no qual você tem paz completa e ausência de angústias. É por meio do silêncio que conseguimos ouvir o que o Mestre tem a nos ensinar. Digo mais: você sabia que a grande maioria das nossas aflições emocionais têm origem no que falamos, não no que falaram de nós ou para nós? Observe as seguintes passagens bíblicas:

O homem que não tem juízo ridiculariza o seu próximo, mas o que tem entendimento refreia a língua (Provérbios 11.12).

Até o insensato passará por sábio se ficar quieto [...] (Provérbios 17.28).

As cinco moradas da sabedoria

O silêncio é poderoso. Quem fala muito acaba contando vantagens ou aumentando histórias. Quem fala muito acaba ouvindo pouco. Para aprender, precisamos de silêncio, pois aprendemos pelo que ouvimos, não pelo que falamos. Já tentou ouvir alguma coisa ou a voz de alguém ao mesmo tempo em que você fala? Difícil, não?

Há coisas que Deus nos pede e que não entendemos, talvez porque precisemos ficar quietos e fazer silêncio.

Há alguns anos, o Senhor falou comigo e me pediu para fazer silêncio com três amigos muito próximos. Na ocasião, fiquei sem entender muito bem, mas fui descobrir depois qual era o propósito daquele pedido.

Ele me instruiu a ser educado, a cumprimentar todos eles, mas, em seguida, ficar em silêncio. Não foi uma tarefa fácil, pois sempre que nos encontrávamos era como uma festa; contudo, era preciso diminuir aquele estardalhaço para que eu respeitasse o silêncio. Durante aquele período, cada um dos três reagiu de forma diferente diante dessa situação.

O primeiro amigo, tão logo notou que eu mudara repentinamente, não veio de imediato perguntar a mim o que tinha acontecido. Em vez disso, resolveu sair perguntando a outras pessoas próximas a nós se eu estava "normal" com elas, ao que elas respondiam que sim. É impressionante como o ser humano tem dificuldade de perguntar se está tudo bem. Para muitas pessoas, é mais fácil dar voltas do que ir diretamente ao ponto para resolver um assunto.

Em geral, podemos nos acostumar a nos agarrar às feridas. Queremos carregar o peso da mágoa, da confusão mental; quase sempre nem está acontecendo nada, mas já ficamos chateados, feridos e até mesmo com ódio. Esse meu amigo poderia ter falado comigo, mas resolveu me ignorar e buscar a resposta para suas dúvidas com outras pessoas.

O segundo amigo reagiu de forma diferente. Ele também não veio falar comigo para saber o que estava acontecendo, mas, em vez de perguntar a outras pessoas do nosso convívio se estava tudo bem comigo, ele resolveu me atacar. Passou a falar mal de mim pelas costas. Logo, no período de aproximadamente dois meses em que silenciei com esses meus amigos, comecei a receber mensagens de outras pessoas que me mostraram o que estava acontecendo. O silêncio nos revela muitas coisas.

Por fim, o terceiro escolheu um caminho distinto do dos outros dois. Ele passou a ficar cada vez mais próximo de mim diante do meu silêncio. Perguntava constantemente como eu estava, se eu precisava de alguma coisa e orava sempre que podia por mim. Ele revelou ser a pessoa mais genuinamente preocupada comigo.

Passado o período do silêncio, eu compreendi toda a situação e principalmente o que eu precisava fazer diante do que tinha acontecido.

Percebi que o primeiro amigo precisava ser ajudado, pois, no caso dele, era preciso instrução. Ele necessitava de instrução para melhorar e perceber que não era preciso sair correndo atrás de outras pessoas para resolver o que ele enxergava como um problema, quando, na verdade, se tratava apenas de um silêncio que tinha um propósito determinado.

Da experiência com o silêncio, entendi também que há pessoas com as quais não podemos caminhar juntos, que foi o caso do segundo. Cheguei até a perguntar a Deus por que eu tive de me calar, pois eu havia perdido um amigo. Foi quando ele me disse que, na verdade, aquele nunca tinha sido meu amigo. É preciso aprender isso. E foi assim que cortei o relacionamento com esse suposto amigo.

Quanto ao terceiro amigo, o silêncio me mostrou que deveríamos intensificar ainda mais a nossa amizade, pois, diferentemente dos outros dois, ele se tornou cada vez mais próximo a mim, mesmo em meio ao meu silêncio.

Finalmente, eu havia compreendido o que a Sabedoria em pessoa me pedira. Ela me revelou como conhecer verdadeiramente as pessoas. Quando Deus para de falar com alguns filhos, ele observa para onde eles correm diante do silêncio.

> Quando Deus para de falar com alguns filhos, ele observa para onde eles correm diante do silêncio.

A sabedoria está no silêncio. Portanto, pare de falar! Para finalizar a passagem por essa morada, SIGA esta orientação biológica: Tudo que Deus nos deu em dobro é para ser muito bem usado: pernas, braços, pulmões e OUVIDOS são alguns exemplos. Por outro lado, tudo que ele deu em apenas uma unidade, como órgão genital, estômago e BOCA, é para ser usado com equilíbrio.

CASA 3 – O INFINITO DA ETERNIDADE

A terceira casa é a do **infinito da eternidade**, que consiste no acesso ao sobrenatural. Como alcançar esse endereço, mais uma vez um lugar não palpável? Explico: ele só pode ser alcançado pela porta da oração.

Peço agora que você entenda o seguinte: ainda que você não tenha nenhuma religião, é importante que seja espiritual para caminhar na direção certa em busca da resolução dos seus problemas. Acreditar na conexão com o Saber Infinito é essencial diante de tantas incertezas no mundo em que vivemos, pois, sem isso, você jamais alcançará a verdadeira sabedoria.

O Livro da Sabedoria Milenar, em Tiago 1.5, diz: "Se algum de vocês tem falta de sabedoria, peça-a a Deus, que a todos dá livremente, de boa vontade; e lhe será concedida".

Jó 28 diz que "[a sabedoria] não se encontra na terra dos viventes" (v. 13). O que isso significa? Que a sabedoria somente está disponível na eternidade. Deus está na eternidade.

As cinco moradas da sabedoria

O que você realmente precisa não está na terra dos homens! Sem ser uma pessoa espiritual, sem conexão com a eternidade, você perderá o melhor da vida; perderá o acesso à Sabedoria.

Você sabia que o que vivemos na terra é apenas uma sombra do mundo celestial? Isso quer dizer que muito do que vivemos aqui, na realidade, é apenas um vislumbre do que acontece lá. A terra não é o fim, não é o tudo. Este mundo é apenas um treinamento para a eternidade de glória, para o infinito da eternidade!

O nosso corpo tem uma energia espiritual; atraímos o que deixamos aflorar por meio dos nossos sentimentos. Portanto, tudo o que acontece, toda guerra que é travada no mundo espiritual (e tenho certeza de que você já ouviu falar sobre isso, ou seja, batalha espiritual), contra ou a seu favor, é baseado no que fazemos neste mundo. Assim como a tecnologia dos algoritmos da internet, o mundo espiritual tem os seus próprios algoritmos, que captam tudo o que vemos, falamos, compartilhamos, buscamos.

Para ilustrar o que estou dizendo, veja se não é isso o que acontece nos dias de hoje. Vivemos em um mundo extremamente inquieto. Jovens e adolescentes cresceram com telefones e iPads nas mãos; é difícil que parem para escutar, pois não querem ficar em um ambiente onde tudo esteja estático, porque são inquietos por natureza. Nós, adultos, também estamos inquietos e ansiosos em relação ao nosso futuro. Não sabemos

O PROBLEMA É SEU

se vai dar certo um negócio que estamos fazendo; não sabemos se a pessoa que amamos vai nos corresponder; não sabemos se falta algo para que o nosso destino seja cumprido; não sabemos como estará a nossa saúde. Resultado: começamos a sentir inquietação, incerteza, insegurança; é quando chega a ANSIEDADE, que é o mal deste século.

No entanto, quem tem paz não tem ansiedade, não tem angústia, não tem pecado. Não importa o que esteja acontecendo do lado de fora, por dentro essa pessoa está de pé. E é essa mesma paz que guardará aquilo que você sonha para a sua vida.

A Sabedoria em pessoa não só vai arrancar a ansiedade da sua vida e destruir a angústia do seu coração, como também se conectar com você de tal maneira que a paz vai blindá-lo para que nenhum pensamento maligno venha à sua mente, como tirar a própria vida, ou fazer uma besteira porque não está aguentando as pressões do dia a dia, ou recorrer às drogas ou à bebida.

É possível que neste exato momento a sua vida, ou a de alguém que você conheça, esteja assim, quando os problemas sucedem um atrás do outro, pois, como diz o Livro da Sabedoria Milenar, um abismo atrai outro abismo (Salmos 42.7). Então, como vamos arrancar essa inquietação, essa ansiedade, que já começou a tomar conta do planeta Terra? É ainda no livro de Salmos que temos a resposta:

As cinco moradas da sabedoria

Conceda-me o SENHOR o seu fiel amor de dia;
de noite esteja comigo a sua canção.
É a minha oração ao Deus que me dá vida
(Salmos 42.8).

Ao entrarmos pela porta da oração, temos acesso direto ao infinito da eternidade e passamos a viver com aquele que arranca pela raiz todo tipo de problema.

Diante dos problemas, muitas vezes recorremos primeiro ao advogado, ao juiz, ao gerente do banco. Mas quantos estão de joelhos no chão para se conectar com Aquele que resolve de verdade os nossos problemas?

Isso que o aprisiona por dentro (também conhecido como problema) só se resolve com "joelho no chão", que é uma expressão sinônima para oração. Quando você está completamente sensibilizado diante de Deus em oração, então acessa uma das mais importantes ferramentas espirituais, senão a mais importante de todas, muito mais poderosa do que qualquer solução humana!

Então, entenda que o acesso à Casa 3 da Sabedoria é essencial, pois, quanto mais no sobrenatural você viver, mais longe vai chegar. Mais destacado ou destacada você será, e não importa o problema que você vive hoje, ou um amigo, um parente, saiba que as bênçãos chegarão à sua casa, ao seu negócio, à sua família, quando você compreender que a paz que blinda o nosso coração

— 83 —

O PROBLEMA É SEU

já está disponível por meio da oração. A oração é a chave que abre a porta do seu futuro para o infinito da eternidade.

Mas devo adverti-lo: a oração não é como um brinde ou *delivery*, que está à sua disposição e você acaba não indo buscar. Você precisa se levantar e pegar! Ainda que você pense que não sabe como orar, ou ache que não tem motivos para tal porque só tem problemas na vida, mesmo assim agradeça. Agradeça por Deus o escutar, por você ter descoberto o caminho da oração, e agradeça pelo que você ainda não vê, mas que Deus com certeza vai fazer!

Para finalizar, sabe qual será a sua recompensa por alcançar esta terceira morada? A paz que excede todo o entendimento, blindando os seus sentimentos, ou seja, o seu coração, os seus pensamentos e a sua mente, na Sabedoria em pessoa.

Então, pague o preço de manter uma vida de oração, pois quem não está disposto a se valer dela pagará o preço de viver uma vida sem paz, e esse é um custo infinitamente mais caro.

Não andem ansiosos por coisa alguma, mas em tudo, pela oração e súplicas, e com ação de graças, apresentem seus pedidos a Deus. E a paz de Deus, que excede todo o entendimento, guardará o coração e a mente de vocês em Cristo Jesus. (Filipenses 4.6,7)

As cinco moradas da sabedoria

CASA 4 – A SALA DOS CONSELHOS

A quarta casa da sabedoria não se trata exatamente de uma casa, mas de uma sala, a **sala dos conselhos**.

Trata-se de um espaço pouco frequentado, pois temos a tendência de acreditar no ditado popular que diz: "Se conselho fosse bom, ninguém dava; vendia". Que grande mentira! O ser humano acha que sabe das coisas, crê que tem conhecimento suficiente apenas nele e tende a decidir por si mesmo.

Por ansiedade ou pressa, por altivez ou ignorância, quem não pede conselhos decidiu fracassar. Atente para estes textos:

> Os planos fracassam por falta de conselho, mas são bem-sucedidos quando há muitos conselheiros (Provérbios 15.22).

> [...] o que [...] salva é ter muitos conselheiros (Provérbios 11.14).

A minha vida hoje é repleta de sentido e realização, mas nem sempre foi assim. Anos atrás, decidi me orientar por bons conselhos. Note que eu disse "conselhos", não "opiniões". Os conselhos são mais importantes do que as opiniões. A Sabedoria Milenar não diz que você deve escutar a opinião dos outros; ela diz que você deve tomar conselhos, pois opinião qualquer um pode nos dar, mas conselhos só quem nos ama ou é especialista em determinado assunto pode oferecer.

O PROBLEMA É SEU

Vou compartilhar um dado estarrecedor. A neurociência já provou que o cérebro por si só é negativo. Ele sempre vai nos conduzir à negatividade. Por mais que tentemos mudar isso, faz parte da nossa essência mais primitiva, da nossa natureza humana. É por isso que não podemos "deixar a vida nos levar", pois literalmente vamos dançar, já que ela possui a tendência de nos conduzir para o pior cenário. (Lembra-se do que já conversamos a respeito de governar as emoções? É exatamente isso.)

Toda vez que você pede a opinião de uma pessoa que não é especialista no que você faz, nem está conectada com os seus propósitos, tampouco com a Sabedoria em pessoa, a opinião dela, de modo geral, poderá desanimar você.

Quando eu escrevi o meu primeiro livro, *Rumo ao lugar desejado*,[3] mostrei na época o manuscrito a alguém que até então eu considerava uma pessoa próxima. Pedi a ela que me dissesse o que achava (olha o perigo do "achismo") da ideia que eu tinha de escrever um livro e que desse uma olhada no texto.

Em seguida, ela disparou: "Isso não dá para você, não. Você vai ter paciência para escrever isso? Você sabe quanto tempo demora para escrever um texto? Você acha que está realmente habilitado para escrever um livro?".

Mesmo em meio àquele banho de água fria, respondi que eu tinha um sonho e uma orientação sobre aquilo. Ainda assim,

---

3.   **São Paulo: Vida, 2017.**

ela concluiu: "Isso não vai pra frente. Você já está no seu negócio, por que vai se meter em fazer outra coisa?".

Fiquei tão incomodado com aquela opinião que entrei em oração para escutar Deus. O incômodo me fez sair daquela situação; então, decidi correr atrás do meu sonho. Peguei um avião, para estar com o maior escritor do Brasil. Fui até a casa dele, e me lembro, como se fosse hoje, de ter entregado o manuscrito em suas mãos no momento em que ele saía do carro. Eu disse a ele: "O senhor poderia ler e me dar uma resposta?". A gente já se conhecia, claro, e ele confirmou que leria o meu texto.

Passados três dias, recebi uma ligação dele me perguntando onde eu estava, pois o motorista dele iria me buscar. Chegando à sua casa, ele me levou até onde costumava escrever. Ele já havia vendido mais de 40 milhões de livros e começou a me explicar como vinham as inspirações para os seus livros, como era todo o processo da escrita. Então, com o meu manuscrito nas mãos, disse:

— Olha, tem muita coisa ruim aqui, mas eu vou conversar com você tomando um café depois do almoço. Fica aqui para almoçar comigo.

Senti um choque e falei comigo: "Meu Deus, tem muita coisa ruim aqui". Mas foi durante o almoço que a esposa dele se aproximou de mim e disse:

— Sabe, ele passou o final de semana todo lendo o seu manuscrito; nunca vi meu marido tão entusiasmado! Ele não

O PROBLEMA É SEU

somente leu, ele rabiscou tudo! Está tudo marcadinho; você vai ver.

Agradeci, aliviado, por aquela informação, e passei o dia todo sendo mentoreado. Durante o café, naquela tarde, ele me falou:

— Você errou em muitas coisas, mas publique este livro, porque ele vai ser um sucesso! No que você errou, deixei marcado para você conferir e buscar outro nível de inspiração.

— Então, o seu conselho é que eu devo mesmo publicar? — perguntei a ele.

— Publica, porque vai dar certo.

Com isso, comecei a correr para tornar real o meu sonho. Uma editora me chamou, e as coisas começaram a acontecer. Tempos depois, liguei para ele apenas para agradecer, porque antes o que era só um sonho se tornou muito mais do que a realidade que eu esperava. Essa ligação ainda rendeu o prefácio daquele meu primeiro livro, feita por esse mentor e conselheiro.

É por isso que eu reafirmo que os conselhos valem mais do que as opiniões.

Tem gente que se casou por opinião, fez faculdade por opinião, tem gente que se movimenta pela opinião dos outros, até mesmo pela opinião do Facebook! Mas não procura conselheiros. Porque é difícil realmente encontrar as pessoas certas, e quase sempre queremos a facilidade e a rapidez da opinião. Para ser um conselheiro, porém, é preciso que essa pessoa seja um especialista. O verdadeiro conselheiro também precisa amar você.

As cinco moradas da sabedoria

Agora soou mais familiar, não? Afinal, o Mestre, o Infalível, é quem verdadeiramente pode lhe conceder os conselhos que serão os mais valiosos da sua vida, afinal ele é o maior Especialista de todos e o único que o ama incondicionalmente.

É por isso que uma pessoa que decide viver com a Sabedoria em pessoa não pode se movimentar por achismos, não deve pedir opiniões aleatórias a pessoas aleatórias. Lembre-se dos lugares pelos quais você já passou, do que aprendeu, pois somente assim conseguirá obter as repostas certas.

CASA 5 – O TERRENO DA PRUDÊNCIA

Chegamos à última casa, o **terreno da prudência**. É nesse lugar que a Sabedoria estabelece sua residência fixa.

Esse terreno pode ser comparado ao topo de uma montanha, ao qual não queremos apenas alcançar. Queremos também nos manter lá. Assim como em muitas instâncias na vida, como o casamento, as amizades ou o dinheiro no bolso, todos queremos ser bem-sucedidos. Mas como manter o êxito?

Permanecer no topo de uma montanha é muito mais difícil que o caminho que você percorreu para chegar até ele, porque faz mais frio, a respiração torna-se mais complicada porque o ar é rarefeito, e a visibilidade nem sempre é das melhores.

Por essa razão, estar e se manter no topo realmente não é fácil, mas trata-se de um aspecto importante para qualquer tipo de

O terreno da prudência está num lugar semelhante a esse

êxito que você queira conquistar na vida e para aquilo que você se planeja. É realmente um dos pontos cruciais para que uma pessoa se levante e permaneça em pé.

O terreno da prudência está num lugar semelhante a esse cume, mas Deus, em sua infinita misericórdia, nos deixou instruções valiosíssimas em seu Livro da Sabedoria Milenar, a fim de que pudéssemos alcançar, estar e permanecer nesse lugar junto a ele e livre de problemas.

Ser prudente nada mais é do que calcular o impacto de cada decisão, e a história que contarei a seguir trata com maestria desse conceito. Acompanhe.

A parábola das dez virgens

O Reino dos céus será semelhante (apenas parecido porque o que está na terra não se compara ao que está no céu) a dez virgens que pegaram as suas candeias e saíram para se encontrar com o noivo.

(Aqui faço uma pausa para explicar que essa parábola está contida em Mateus 25. Trata-se, na realidade, de uma alusão, uma comparação com a volta de Jesus; portanto, Jesus, na verdade, é o noivo, e a igreja, as pessoas que nele creem, representada aqui pelas moças virgens, que se preparam para receber a volta de Cristo.)

Cinco delas eram insensatas, também chamadas de loucas, e cinco eram prudentes. As insensatas pegaram as suas candeias, mas não levaram o óleo, o azeite que era usado para acender o fogo que

As cinco moradas da sabedoria

garantia a luz. Ou seja, fizeram o serviço pela metade. (E daqui a pouco você vai entender que um serviço pela metade não é um serviço. Começar e parar é a mesma coisa que falhar, porque o resultado será invariavelmente perda.)

As prudentes, porém, levaram o óleo em suas vasilhas junto às candeias. Elas assim o fizeram porque não adiantava colocar o óleo direto na candeia; era preciso ter um recipiente adicional para levar uma quantidade extra de óleo, para não correrem o risco de ficar sem a chama acesa. Isso, sim, era um trabalho duplo. Elas tiveram o trabalho dobrado. Mas veja o que aconteceu, e tudo fará sentido.

Acontece que o noivo demorou a chegar, e todas ficaram com sono e adormeceram. À meia-noite, porém, ouviu-se um grito: "O noivo se aproxima!". Então, todas as virgens acordaram, prepararam as candeias e saíram para encontrá-lo. Todas elas tinham a candeia que seria acesa a fim de chegarem ao noivo. Mas lembra-se do serviço pela metade das insensatas?

As insensatas, então, disseram às prudentes: "Deem-nos um pouco do seu óleo, porque as nossas candeias estão se apagando". Cada uma delas até tinha azeite na candeia, mas não haviam levado a vasilha adicional com o óleo extra. Não quiseram carregar um peso a mais, assim como muitos de nós não queremos fazer um trabalho duro.

No dia em que o noivo chegou, sabe o que as prudentes disseram às insensatas? "Miga, sua louca, você esqueceu o azeite!" (Gírias à

—91—

parte, foi literalmente isso o que aconteceu.) As prudentes responde-
ram que não poderiam ceder o óleo, não porque não tivessem mise-
ricórdia, ou quisessem se vingar; não era nada disso. Acontece que
elas eram sábias, e a resposta de sua prudência foi a de que o óleo
poderia não ser suficiente para nenhuma delas, por isso disseram às
insensatas que comprassem óleo para si mesmas. As prudentes não
eram egoístas, mas calcularam que, se dividissem o azeite naquele
momento, no final das contas não haveria luz para ninguém.

Por fim, as insensatas ainda correram de última hora para com-
prar o óleo, mas, quando chegaram de volta, a porta já estava fecha-
da, e o noivo havia ficado apenas com as cinco prudentes.

Essa história revela mais uma vez quão atual é a Bíblia, mesmo com conteúdos de milhares de anos, pois mostra exatamente
a situação em que vivemos hoje. As pessoas estão dormindo espiritualmente, esqueceram-se dos princípios básicos, da generosidade, do serviço, da paciência. Esqueceram-se de tudo o que
a Sabedoria nos orientou e têm levado a vida como querem,
achando que no final todos entrarão pela porta.

A prudência é a voz da sabedoria. É uma das ferramentas
mais úteis para prevenir os problemas que o ser humano enfrenta e deveria ser usada sem moderação. Quanta gente, porém,
que você conhece tem preguiça de se esforçar um pouco mais e
acaba se dando mal por não ouvir a voz da prudência?

As cinco moradas da sabedoria

A prudência é verdadeiramente a principal ferramenta que nos manterá no lugar que alcançaremos um dia. Agora, se a deixarmos de lado, poderemos perder tudo o que levamos anos para construir, e uma verdadeira avalancha de problemas irromperá na nossa vida.

A prudência foi a arma que garantiu o acesso das virgens ao noivo. Ou seja, elas calcularam o impacto de cada trabalho, cada esforço, cada decisão que tomaram; chegado o dia da oportunidade (como sempre há de acontecer), elas estavam prontas.

Para encerrar, quero que você memorize: **a prudência é a ferramenta que o tornará preparado para quando o dia da oportunidade chegar**. É ela que faz a diferença no caminho de quem prospera e se mantém, que chega a um lugar e fica, independentemente da situação. Essa é a garantia para que você não fique do lado de fora.

"Tudo me é permitido", mas nem tudo convém. "Tudo me é permitido", mas eu não deixarei que nada me domine. (1Coríntios 6.12)

. . .

Para finalizar este capítulo, entenda:

- A Sabedoria possui cinco endereços que, embora não sejam palpáveis, são todos acessíveis.

O PROBLEMA É SEU

- O orgulho é um dos maiores inimigos da sabedoria, pois tem a capacidade de minar a humildade, que é um dos principais endereços da sabedoria.
- Independentemente de se ter uma religião, é preciso ser espiritual para chegar à sabedoria. Afinal de contas, uma de suas portas de acesso é a oração.
- A prudência é a voz da sabedoria; portanto, viver na segurança de ter as respostas para os seus problemas depende de ouvi-la e segui-la.

QUANDO DEUS ESTAVA CRIANDO
O MUNDO, ELE CHAMOU A SABEDORIA
EM PESSOA E A TRANSFORMOU EM
ARQUITETA DA CRIAÇÃO.

SE DEUS PRECISOU DE SABEDORIA
PARA CONSTRUIR O MUNDO,
COMO VOCÊ PODERIA CONSTRUIR
A SUA VIDA SEM ELA?

APLICAÇÃO

1. O que você precisa fazer a partir de hoje para eliminar o orgulho e viver com humildade para alcançar sabedoria?

_____

_____

_____

_____

2. Avalie como tem sido a sua vida no campo da espiritualidade. Tem sido uma vida de oração? Caso contrário, pense em como poderá mudar isso pela leitura deste capítulo e registre aqui as suas ideias.

_____

_____

_____

_____

_____

_____

As cinco moradas da sabedoria

3. Você já experimentou ficar um período em silêncio? Faça um teste. Reserve esta semana para ficar em silêncio e depois comente aqui a sua experiência.

4. Registre abaixo quais conselhos você precisa buscar e quais opiniões deve excluir da sua vida de agora em diante.

CAPÍTULO 4

AS 12 LIÇÕES PARA MANTER O RELACIONAMENTO COM A SABEDORIA

*"Porque sou eu que conheço os planos que
tenho para vocês", diz o SENHOR, "planos de fazê-los
prosperar e não de causar dano, planos de dar
a vocês esperança e um futuro".*

JEREMIAS 29.11

Agora que você já descobriu o que é a sabedoria, foi apresentado à Sabedoria em pessoa, passou pelas portas que dão acesso às suas moradas e encontrou onde ela reside, chegou a hora de conhecer o segredo que definitivamente o levará a conquistá-la para o resto da vida!

No exemplo a seguir, você entenderá por que **devemos cuidar para nunca perder a sabedoria que tanto nos custou encontrar.**

Imagine uma casa vazia. Agora imagine que se trata de uma casa bem grande, linda e à qual você não via a hora de chegar. Estava contando os dias, pois acabara se afastando dela por muito tempo, mas ainda assim esperava encontrar em seu interior quem você mais ama neste mundo para poder matar a saudade. Foi um longo tempo de espera. Você podia até mesmo visualizar cada momento, cada palavra da conversa que gostaria de ter com a pessoa amada; vocês ririam juntos, comemorariam... você dividiria com ela também todos os seus anseios e contaria os seus problemas para lhe pedir conselho. No entanto, ao chegar, você percebe que está tudo apagado e em silêncio. Nem sinal de quem você esperava estar ali. Nem uma mensagem, nem mesmo um bilhete dizendo o que aconteceu. Muito menos aquele banquete, cujo aroma você já até podia sentir na sua imaginação. O que você encontrou foi apenas um imenso vazio em cada cômodo da casa.

Essa é a sensação provocada pelo vazio, que, nesse caso, não é só físico, mas principalmente emocional — algo que talvez você conheça de perto. Essa casa, que é o nosso lugar sagrado, ao estar vazia, representa a nossa vida sem a presença da Sabedoria. O estado de abandono, de esvaziamento por completo, que causa aquela tristeza indizível, é o resultado de um abismo que criamos gradualmente quando não cuidamos do relacionamento com quem é precioso para nós.

A ausência de cuidado em um relacionamento conjugal, por exemplo, provoca o distanciamento, o esfriamento entre marido e mulher. O descuido com os filhos, com o marido, com a esposa, com o irmão, com o colega de trabalho, com os amigos, estremece e fragiliza os laços que um dia foram estabelecidos.

Você sabe onde essas pessoas estão; conhece os caminhos e os endereços onde as encontrar, mas talvez mesmo assim tenha dificuldade para cuidar do relacionamento com elas.

O que adianta saber chegar perto de quem é mais importante na sua vida se, ao mesmo tempo, você não souber como se manter junto dessa pessoa? Declarar que ama, mas não estar presente, e principalmente não valorizar o relacionamento, é um desserviço que você presta a você mesmo.

Para você não perder a pessoa que ama, ainda mais a que também ama você, é preciso estar bastante atento ao que vou explicar neste capítulo.

Assim como em todo relacionamento, não só no casamento, mas também de amizade, entre pais e filhos, patrão e funcionário, aluno e professor, é preciso saber duas coisas: o que a pessoa ama e o que ela odeia. Você perceberá que não conseguirá sustentar um relacionamento no qual não esteja consciente desses dois aspectos, porque, não raramente, poderá repetir inconscientemente algo que a pessoa odeia e, com isso, se afastar emocionalmente dela. Em contrapartida, se você fizer determinadas coisas que a pessoa ama, ela se aproximará cada vez mais de você.

Quando eu era criança, os meus irmãos sempre me pediam que eu falasse com o nosso pai toda vez que a gente queria alguma coisa. Eles diziam que o nosso pai escutava mais a mim, mas não era bem assim... Acontece que, durante a semana, eu já ia fazendo coisas que agradavam a ele. Eu sabia como falar com ele, sabia qual seria a hora de falar. Como o meu pai era militar, eu sabia que, quando ele chegava do quartel, não era o momento de pedir nada, pois ele estava cansado. Aquele era só o momento de agradecer e perguntar como tinha sido o dia dele. Em outro momento, sim, seria a hora de pedir.

Desde a infância, fui desenvolvendo essa habilidade de perceber o que as pessoas com as quais me relaciono amam ou odeiam. Sei, por exemplo, do que a minha esposa, Jeanine, gosta e do que ela não gosta, o que ela ama e o que odeia. Sei que ela não gosta quando deixo a toalha molhada em cima da cama. Mas também sei que o que a deixa realmente irritada é quando está falando comigo e eu não a estou olhando nos olhos, mas ocupado com o celular ou vendo a televisão. Por isso, sei que, se é para ter uma discussão, basta ela começar a falar comigo e eu continuar olhando para a TV. Pronto!

Se você quer de verdade cuidar dos seus relacionamentos, há certos limites que não pode ultrapassar; afinal, a pessoa com a

As 12 lições para manter o relacionamento com a Sabedoria

qual você se relaciona não tem a necessidade de suportar tudo. Da mesma forma, há coisas que você precisa entender que ela adora. E, quanto mais você potencializar o que ela ama, maiores serão as chances de o seu relacionamento dar certo.

No entanto, há ainda um relacionamento maior na nossa vida. Ele é considerado o principal, pois trata-se, na realidade, de um mandamento, o primeiro de todos, para todas as pessoas que buscam viver uma vida próspera e abundante, sem que haja um problema sequer capaz de tirar a sua paz. O Livro da Sabedoria Milenar afirma: "Ame o Senhor, o seu Deus, de todo o seu coração, de toda a sua alma, de todo o seu entendimento e de todas as suas forças" (Marcos 12.30).

Não tem mistério. Qualquer relacionamento exige dedicação. Se devemos cuidar do relacionamento que temos com as pessoas, por que seria diferente justamente com a Sabedoria em pessoa?

Existem coisas que você pede e não recebe, porque pede mal, diz o livro do apóstolo Tiago. E sabe por quê? Porque você ignora o que Deus ama e o que ele odeia; então, acaba pedindo coisas que não lhe agradam e, consequentemente, criando um distanciamento entre vocês dois.

> **O relacionamento mais importante que nós temos é com Deus.**

No entanto, Deus é tão perfeito que, apesar de você não o ver pessoalmente, ele deixou por escrito aquilo que ele ama e o que odeia para que o nosso relacionamento com ele pudesse dar certo. Por isso, já deixo aqui uma recomendação muito importante: anote tudo o que você vai aprender ao longo deste capítulo. Esses ensinamentos serão a base para melhorar e aprofundar o seu relacionamento com Jesus.

O QUE ELE AMA E O QUE ODEIA

> Vamos aprender com quem mais entende de resolver problemas, com Aquele que ajuda bilhões de pessoas todos os dias a sair de problemas, mas não cria nenhum: Deus!

Deus não é só a Sabedoria em pessoa, como também a expressão própria do amor; em seu anseio para que o nosso relacionamento com ele jamais pereça, ele nos deixou cinco lições sobre o que ama e sete lições sobre o que odeia. Ao internalizar o aprendizado contido nessas 12 lições, você definitivamente estará preparado para viver uma vida com as respostas que sempre quis ter para os seus problemas.

AS 5 LIÇÕES SOBRE O QUE A SABEDORIA EM PESSOA *AMA*

Importante: Lembre-se de que, se intensificar tudo aquilo que Deus ama, isso o levará para mais perto dele.

As 12 lições para manter o relacionamento com a Sabedoria

Lição nº 1: Ame a justiça

No livro de Salmos, encontramos a primeira lição sobre o que a Sabedoria ama:

"Pois o SENHOR é justo e ama a *justiça*; os retos verão a sua face" (11.7).

Você precisa buscar a justiça em tudo o que faz: nos negócios, no casamento, nos relacionamentos, naquilo que promete, naquilo que pensa, porque o Mestre, que, como você já sabe, é a Sabedoria em pessoa, ama a **justiça**. Quando você começa a fazer tudo o que ele ama, mais você se aproxima dele, e ele, de você.

Ele está longe da injustiça, de modo que vou dar a você um conselho: nunca entre em um caso injusto, porque com Deus você já terá perdido. Ele odeia a injustiça e ama os que são justos.

Lição nº 2: Ame a verdade

A segunda lição também está contida no livro de Salmos: "Sei que desejas a *verdade* no íntimo; e no coração me ensinas a sabedoria" (51.6).

> Pois o SENHOR é justo e ama a *justiça*; os retos verão a sua face. (Salmos 11.7)

O PROBLEMA É SEU

Deus ama a **verdade**; portanto, nunca participe de mentiras. Você quer deixar feliz a pessoa a quem mais precisa agradar no mundo? Não que as suas atitudes a levem a querer ou amar mais você, porque ela já mandou seu único Filho a este mundo e conhece bem de perto as nossas faltas. No entanto, o relacionamento do dia a dia passará a ser diferente a partir do momento em que você mudar a sua forma de se comunicar com ela.

Como pais, sabemos, por exemplo, que temos a tendência natural a usar uma forma determinada de comunicação que nos ajuda a ter maior acesso aos filhos. Da mesma forma, nossos filhos têm mais acesso quando fazem as coisas que nós, como pais e mães, amamos do que quando fazem o que odiamos. Entenda uma coisa: não estou dizendo que as atitudes dos filhos mudam o amor dos pais por eles; apenas me refiro ao campo da facilidade de comunicação nesse relacionamento.

> A Sabedoria em pessoa ama a verdade no íntimo.

A Sabedoria em pessoa ama a verdade no íntimo; portanto, jamais compactue com a mentira. Se um ambiente envolve a mentira, você de fato não deve estar ali.

Além de aprender desde pequeno a como me comunicar com o meu pai, outra lição que aprendi com ele foi a seguinte: ainda que você tenha que sofrer, fale a verdade. Quando éramos pequenos e havia uma briga entre mim e os meus irmãos, o meu pai vinha e perguntava: "Quem fez?". Começava aquela chuva de acusações de um contra o outro. "Não fui eu!" "Foi ele!"

"Ainda que tenham que sofrer, eu quero saber a verdade", meu pai continuava. Por fim, vinha um e confessava: "Fui eu que comecei". Era a sabedoria, enfim, que se aproximava, uma vez que ela ama a verdade.

Lição nº 3: Ame a generosidade

A terceira lição é encontrada na segunda carta aos Coríntios: "Cada um dê conforme determinou em seu coração, não com pesar ou por obrigação, pois Deus ama quem *dá com alegria*" (2Coríntios 9.7).

O Mestre ama a **generosidade** e ama quem dá com alegria. Mais do que ser generoso, é preciso ser uma pessoa generosa e feliz. Se você tem que dar algo a alguém, se tem que ajudar alguém, se tem que honrar compromissos financeiros na sua comunidade, o que quer que seja, faça com alegria! Porque Deus não ama apenas quem dá ou contribui, mas quem dá com alegria.

> Mais do que ser generoso, é preciso ser uma pessoa generosa e feliz.

• • •

A esta altura, você até pode dizer que essas três primeiras lições são óbvias. Tudo bem, pois parecem realmente. Mas sabe qual é o problema? As pessoas simplesmente não as põem em prática!

Quantas vezes compactuamos com alguma mentira? Quantas vezes participamos de algum tipo de injustiça? Ou quantas vezes contribuímos, mas não com alegria?

Ao começar a refletir sobre tudo isso, você fará descobertas surpreendentes sobre a origem dos problemas na sua vida.

• • •

Lição nº 4: Ame a obediência

A quarta lição está localizada no livro de João, que diz assim: "Quem tem os meus mandamentos e lhes *obedece*, esse é o que me ama. Aquele que me ama será amado por meu Pai, e eu também o amarei e me revelarei a ele" (João 14.21).

O Mestre ama quem **obedece** a seus mandamentos. Todos eles podem ser encontrados após uma leitura atenta aos quatro evangelhos, a saber: Mateus, Marcos, Lucas e João. Antes, porém, que você questione acerca dessa leitura, conforme mencionei anteriormente neste livro, não se trata de uma questão religiosa, mas de alcançar a Sabedoria em pessoa. Para isso, é preciso acessar a porta do sobrenatural, ou o infinito da eternidade. Lembrou-se disso agora?

As 12 lições para manter o relacionamento com a Sabedoria

É no Livro da Sabedoria Milenar que você encontrará as instruções mais poderosas deste mundo, como, por exemplo: "[...] 'Se o seu inimigo tiver fome, dê-lhe de comer; se tiver sede, dê-lhe de beber. [...] Não se deixem vencer pelo mal, mas vençam o mal com o bem' " (Romanos 12.20,21).

Consegue imaginar um ensinamento de domínio próprio, mansidão e temperança maior do que esse? Nem toda uma vida no divã seria capaz de conferir a uma pessoa tanta inteligência emocional assim! Aqui abro um parêntese importante para dizer que todo o transtorno psíquico deve, sim, ser tratado com ajuda médica e psicológica, pois precisamos fazer a nossa parte. O milagre não é como muitos acreditam, ou seja, não cai magicamente do céu, direto no nosso colo, sem que tenhamos que fazer nada.

Contudo, todas as instruções que nos foram dadas pela Sabedoria em pessoa certamente são ferramentas indispensáveis para uma vida em plenitude, com a resolução dos problemas ao alcance das nossas mãos.

Esse é o verdadeiro sentido da obediência, de cumprir as instruções. Se você obedece a elas, a Sabedoria amará você e não terá por que abandoná-lo.

A desobediência é um dos aspectos mais decepcionantes com os quais podemos nos envolver. Imagine a decepção que um pai sente, por exemplo, ao passar uma instrução ao filho, e ele não fazer nada do que lhe foi dito. Pense em quanto esse pai investiu de si mesmo para que o filho fosse bem-sucedido naquilo que foi orientado, mas o filho dá de ombros, muitas vezes para afrontar o pai. Decepcionante, não?

É assim também com o Mestre, que ama quem segue as instruções dele. Quem as estabeleceu não foi um pastor, um rabino, um padre. O Livro da Sabedoria Milenar, que tem provado ser certo na vida de todos os que acreditam em sua mensagem, contém todos os ensinamentos necessários para vivermos com sabedoria, e essas lições são infalíveis e imutáveis. Não é necessário acrescentar nada nem retirar nada. Está completo!

Toda a minha esperança e confiança está nessa Sabedoria Milenar. Tudo que ensino, tudo em que acredito está escrito nesse único livro, por isso confio em que todas as pessoas que venham a conhecer essa mensagem e a vivam de verdade não só acessarão bênçãos terrenas, como também herdarão a eternidade com a Sabedoria em pessoa, livre de todo tipo de aflição.

> **O Livro da Sabedoria Milenar tem milhares de anos de experiência comprovada.**

Na Bíblia, o apóstolo Paulo diz que, se a nossa esperança reside apenas neste mundo, somos os mais infelizes dos homens. Analise quanta verdade há nisso! Não há como uma pessoa de bem não estar cansada de ver tanta dor, tanto sofrimento e tanta injustiça despejados diante dos nossos olhos a cada dia.

Portanto, é mais do que natural que queiramos eliminar os problemas do nosso caminho e conquistar a plenitude, melhor saúde, prosperidade, não dever nada a ninguém. Queremos amigos verdadeiros, família em harmonia e tantas outras dádivas neste mundo. Quando entendemos que a vida é uma passagem, compreendemos, enfim, que nada será maior do que o nosso desejo de passar a eternidade com a paz que ultrapassa a nossa capacidade de compreensão. Eu não desprezo as bênçãos terrenas, mas espero muito mais as eternas. No entanto, para herdarmos isso, precisamos amar e guardar as instruções.

Lição nº 5: Ame as pessoas

Esta é uma das passagens mais conhecidas no mundo todo, pois consiste na base do evangelho de Cristo: "Porque Deus tanto amou o mundo que deu o seu Filho Unigênito, para que todo o que nele crer não pereça, mas tenha a vida eterna" (João 3.16).

Segundo a passagem, Deus amou o mundo. Agora, façamos uma interpretação básica do texto: o mundo aqui é o planeta ou são as pessoas?

Deus ama as **pessoas**, por isso é preciso ter cuidado para não ferir quem ele ama. Cuidado quando você luta contra quem o

Pai ama, cuidado quando você desiste das pessoas, pois você sabe que ele enviou o seu único Filho para morrer por elas. Ele amou tanto o mundo, ou seja, as pessoas, que deu o melhor que tinha para que elas fossem salvas.

Não fira nem menospreze ninguém. No que depender de você, não fale mal de ninguém e tenha paz com todos, porque a Sabedoria em pessoa ama as pessoas.

Ame como Deus ama as pessoas. A atitude mais sábia que você pode adotar na vida é praticar essas cinco lições de amor a fim de não romper os elementos básicos do relacionamento, que consistem em valorizar quem você ama!

Como disse no início deste capítulo, para continuarmos casados, precisamos valorizar aquilo que o nosso cônjuge ama e evitar as coisas que ele odeia. Para os filhos se darem bem com os pais, a regra é a mesma. Então, por que esperamos ter acesso à sabedoria se não levamos a sério esse mesmo cuidado com a Sabedoria em pessoa?

É por isso que o Mestre, a Sabedoria em pessoa, observa como nos relacionamos com ele com base em como nos relacionamos com as pessoas. Ele mesmo diz que, se você não ama o seu irmão, a quem pode ver, como amará a Deus, a quem não vê?

Por fim, lembre-se do que foi dito no início deste livro. Para ter sabedoria, é preciso não só saber como Deus pensa e age, mas também pensar como ele e reagir como ele reagiria em todas as circunstâncias.

AS 7 LIÇÕES SOBRE O QUE A SABEDORIA EM PESSOA *ODEIA*

> Há *seis coisas* que o SENHOR odeia,
> *sete coisas* que ele detesta:
> olhos altivos, língua mentirosa,
> mãos que derramam sangue inocente,
> coração que traça planos perversos,
> pés que se apressam para fazer o mal,
> a testemunha falsa que espalha mentiras
> e aquele que provoca discórdia entre irmãos.
> (Provérbios 6.16-19)

Com base nesses quatro versículos, já temos acesso a uma ferramenta poderosa que a Sabedoria em pessoa nos deixou para não cairmos nas armadilhas do Inimigo, que tenta nos afastar dela e nos manter sempre imersos em problemas.

Assim como nós mesmos amamos e odiamos certas coisas, com o Senhor não é diferente. Exatamente, devemos ser à sua *imagem e semelhança*. Seguindo a nossa lista, confira agora as sete lições do que você deve evitar a todo custo, pois é tudo o que ele odeia. Cada uma das lições a seguir foi nomeada como "item", para separá-la bem do que você deve amar.

Item nº 1: Evite a soberba

A Sabedoria em pessoa odeia olhos altivos, ou seja, detesta o orgulho e a altivez. Se você quer se afastar da sabedoria, basta ter olhos altivos, pensar ser melhor que os outros e cultivar aquele sentimento de que você é "especialzão" ou "especialzona". Algumas pessoas usam até mesmo a religião para isso, declarando que Deus fala apenas com elas e que as ama com exclusividade. Deus, porém, desteta a soberba.

> Devemos ser à *imagem e semelhança* da Sabedoria em pessoa.

Item nº 2: Evite a mentira

Deus odeia a língua mentirosa, ou seja, detesta a mentira. Aliás, a mentira é o único pecado que nos dá filiação, porque o Inimigo de Deus é o pai da mentira. Portanto, se há um pecado do qual você tem que correr é a mentira. Deus odeia a mentira.

> Não se torne filho do Inimigo.

Item nº 3: Jamais derrame sangue

O Mestre odeia mãos que derramam sangue inocente; nesse caso, obviamente a referência é a matar uma pessoa no sentido literal (que é proibido por lei). Além de jamais cometer assassinato de pessoas no sentido físico, nunca devemos matar alguém emocional e espiritualmente.

Quantas pessoas já mataram inocentes em um templo religioso, por exemplo, quando um inocente chega para receber socorro, e o líder espiritual fere a pessoa com palavras em vez de ser fonte de ajuda? O resultado, muitas vezes, é que atitudes como essa podem abrir caminho para a morte espiritual de uma pessoa. A morte emocional, por sua vez, pode facilmente acontecer nos relacionamentos por meio do uso indevido das palavras.

> O Mestre odeia mãos que derramam sangue inocente.

Ambas as mortes, espiritual e emocional, na realidade já ultrapassam a primeira. Basta ver como está o mundo, tomado por doenças emocionais, como a ansiedade e a depressão, o que é um reflexo da ausência de sabedoria na vida das pessoas. Creio que agora você está compreendendo o porquê disso; então, busque manter-se firme no cumprimento das instruções.

Item nº 4: Nunca maquine o mal

Deus odeia o coração que traça planos perversos. Nunca perca um segundo da sua vida maquinando o mal, mentalizando algo perverso, arquitetando como você poderia prejudicar algo ou alguém, torcendo pela infelicidade do outro. Acredito que este não seja o seu caso, mas, pelo mundo afora, tem gente que deseja de fato o mal para os outros. O Livro da Sabedoria Milenar deixa claro que o Mestre odeia quem maquina o mal.

> A Sabedoria em pessoa jamais estará ao lado de quem investe um minuto da vida planejando ou desejando o mal de alguém.

Maquinar significa fazer planos de algo torpe, ruim. A Sabedoria em pessoa jamais estará ao lado de quem investe um minuto da vida planejando ou desejando o mal de alguém. Como dissemos, o Mestre já nos instruiu acerca de como se alimenta o nosso Inimigo. Então, você acha mesmo que ele vai se agradar de você caso deseje o pior para outra pessoa?

Se realmente deseja ter uma vida com sabedoria e resolver os seus problemas, ou melhor, evitar criar ou se envolver neles, não encare as regras da vida como se fossem as de um clube, ao qual você só vai aos finais de semana para encontrar os amigos e não pensar em mais nada.

Viver com sabedoria é aceitar carregar o fardo que lhe cabe; não é fácil realmente. "Cada um pegue a sua cruz e siga-me", diz o Mestre. Sabe por que ele diz a cada um que pegue a sua própria cruz? Porque cada coisa que ele ama ou odeia dói um pouco mais ou um pouco menos em alguém. Ou seja, a cruz é mais pesada para um do que para outro.

Por exemplo, existem pessoas que têm facilidade de não mentir; a pessoa simplesmente não mente. Por outro lado, há outras pessoas que têm um problema sério com dizer a verdade, pois acabam indiscriminadamente contando vantagem, aumentando ou mesmo inventando histórias. Tenho um colega que sofre desse problema. Quando estamos em um grupo de amigos, qualquer que seja o assunto, ele logo começa a contar histórias a respeito. É impressionante! Tudo ele já fez, conheceu ou experimentou. Basta soltar uma palavra, como aconteceu certa vez. Um dos nossos amigos falou alguma coisa sobre correios, a respeito do que ele logo emendou: "Rapaz, semana passada tive um problema sério com os correios, você acredita?". Outro puxou um novo assunto sobre filhotinho de cachorro, e não demorou nem um minuto para ele dizer: "Semana passada, peguei um cachorrinho para criar, abandonado. Rapaz, foi bem na segunda-feira". Esse meu colega não para. Até medicina já cursou e parou no 8º período!

O problema de alguns com essa área é sério, e a cruz é pesada; por isso, somos orientados a carregar, cada um, o nosso próprio fardo e seguir adiante, porque em determinadas áreas lutaremos muito mais que outras pessoas.

Item nº 5: Evite se precipitar para não cometer erros

O Senhor odeia quem se apressa para cometer erros e fazer o mal. Todos nós já erramos nesta vida, mas o fato é que poucos de nós se apressam para errar. Acredite, há quem o faça, pois, se não houvesse, esse item não constaria da lista do que devemos evitar a fim de não nos afastar da Sabedoria. Cuidado! Com que

> **Com que velocidade você se move para fazer aquilo que desagrada à Sabedoria em pessoa?**

velocidade você se move para fazer aquilo que desagrada à Sabedoria em pessoa?

Há pessoas que erram, reconhecem o erro, apressam-se a abandoná-lo e felizmente nunca mais voltam a cometê-lo. No entanto, sabemos que também há pessoas que insistem em voltar rapidamente ao mal que acabaram de praticar na semana passada, mesmo tendo dado a palavra de que jamais voltariam a fazê-lo.

Item nº 6: Nunca levante falso testemunho

Deus odeia o falso testemunho. Provavelmente você já deve ter ouvido esta parte da história sobre a ressurreição de Cristo que compartilharei a seguir.

Depois de Jesus ter sido crucificado e morto, o seu corpo foi enterrado não em uma cova de cemitério como conhecemos, mas em uma gruta, que um de seus discípulos havia aberto em uma rocha, em cuja entrada colocara uma enorme pedra. Preocupados com o que Jesus dissera a todos antes de morrer, ou seja, que depois de três dias ressuscitaria, os fariseus decidiram enviar guardas para vigiar a entrada do sepulcro de Jesus, pois assim, segundo eles, os discípulos não poderiam furtar o corpo e depois sair pelas ruas dizendo que seu Mestre havia ressuscitado.

Acontece que não houve furto nenhum; o sobrenatural de sua ressurreição deu-se diante dos olhos de todos os que estavam ali! Mais do que depressa, os guardas correram à cidade para contar aos sacerdotes o que haviam presenciado, e estes não pensaram duas vezes: maquinaram uma mentira e corromperam os soldados dando-lhes muito dinheiro para lançar falso testemunho, dizendo: "Os discípulos dele vieram de noite e, enquanto dormíamos, furtaram o corpo!". O dinheiro comprou tudo. E os sacerdotes ainda reforçaram o falso testemunho ao governador, para persuadi-lo de que o que contavam sobre "o furto" era verdade.

> "Os discípulos dele vieram de noite e, enquanto dormíamos, furtaram o corpo!"

Falso testemunho é patrocinar uma mentira; é espalhar o que não é verdade; é defender o que você sabe que não pode ser sustentado pela verdade. Muito parecido com o que acontece no caso da mentira, o falso testemunho é algo do qual devemos estar longe!

Item nº 7: Jamais semeie a discórdia

Chegamos ao último item da lista. Lemos no texto mencionado que Deus não apenas odeia quem semeia a discórdia, mas que também o abomina, reforçando sua contrariedade em relação a essa prática. O Mestre odeia o ato de semear ou provocar a discórdia; na realidade, sua alma não tolera essa prática, pois sente verdadeira repulsa a quem fomenta e promove contenda entre as pessoas.

O Mestre odeia o ato de semear ou provocar a discórdia.

Quando tratamos de relacionamentos, sabemos que existem coisas das quais as pessoas não gostam ou até mesmo odeiam, mas que acabam ignorando diante de um pedido de perdão. No entanto, em relação àquilo que elas têm aversão ou detestam é muito mais difícil de lidar.

A Sabedoria em pessoa odeia quem cria contenda e leva informação sem permissão. Detestável. Abominável! Não suporta quem põe um contra o outro, irmão contra irmão. Como vimos no capítulo 1, ser pacificador é uma das principais habilidades de quem é sábio. Se você não pode se considerar sábio porque ainda não buscou alcançar essa inspiração divina, então, pelo menos, permaneça em silêncio. Jamais jogue uma pessoa contra a outra.

• • •

Todas essas 12 lições sobre o que a Sabedoria em pessoa ama e o que ela odeia formam uma lista que, como afirmamos, você precisa seguir caso deseje nunca mais se ver separado da fonte de todas as respostas para os seus problemas.

Pegue essa lista e mantenha-a em um local que você possa acessar todos os dias. Pregue-a no seu armário e contemple-a diariamente para que você saiba o que deve ou não fazer; até onde você pode ir e por onde jamais deve passar.

Se você realmente quer ser feliz e saber como pôr a sua vida em ordem, se quer estar ao lado de Jesus em tudo o que fizer, entenda que não basta simplesmente declarar que deseja isso. Não se trata de apenas cumprir com as suas obrigações comuns e prestar culto todos os domingos, por exemplo. É preciso seguir as orientações que o Mestre deixou de maneira explícita para todos nós no Livro da Sabedoria Milenar.

Reveja o que você tem feito para cuidar do seu relacionamento com a sabedoria; se tem intensificado as suas ações com relação ao que ela ama e evitado, a todo custo, fazer o que ela odeia. Se você serve a Deus, examine se, apesar de frequentar regularmente uma igreja e adorar, por acaso você tem insistido em fazer o que ele odeia e redobre a atenção sobre as coisas que ele ama.

> **Intensifique as coisas que Deus ama e rejeite as coisas que ele odeia!**

Veja o que você precisa mudar hoje mesmo para quebrar as correntes que o têm aprisionado a tantos problemas.

Lição bônus: Esteja atento à sua comunicação

Esta lição bônus vale muito mais que qualquer peso em ouro, por isso preste muita atenção. Após esta leitura, estou certo de

O PROBLEMA É SEU

que o seu relacionamento com a Sabedoria em pessoa vai mudar, e, quando o relacionamento entre vocês se transformar, os resultados na sua vida serão muito melhores. Pois, ainda que Deus não ame mais ou menos a cada uma das pessoas, a comunicação pode melhorar, sim, de uma para outra. Quando a comunicação é melhor, o resultado também é mais satisfatório. Para exemplificar o que estou dizendo, acompanhe a história a seguir.

> **Quando a comunicação é melhor, o resultado também é mais satisfatório.**

Um dia desses, pedi a um rapaz que trabalha comigo que fizesse o favor de levar o meu carro até a concessionária, pois a porta traseira não estava abrindo.

— Você pode levar? — perguntei a ele, que, em seguida, assentiu.

Pouco depois, ele me ligou:

— Tiago, está tudo certo, a porta abriu sem nenhum problema.

— Mas como assim? Abriu do nada? — perguntei, surpreso.

— Abriu normal. Chegando aqui, testamos, e na hora abriu! Tudo certinho.

— Ué!? Que estranho... Ok, então traga o carro, por favor.

Assim que ele me trouxe o carro, a primeira coisa que fiz foi pegar o controle e acionar o botão para abrir a porta. Adivinha? A porta não abriu! Então, lá fui eu ligar novamente para o rapaz.

— 122 —

As 12 lições para manter o relacionamento com a Sabedoria

— Acabei de testar a porta, e ela não abre!

— A porta está abrindo, sim, Tiago. O cara da concessionária fez o teste na minha frente.

— Mas não está abrindo! — respondi.

Foi então que começamos a discutir, até que falei para ele:

— Espere um pouco, de qual porta você está falando?

Para resumir a história, ele estava falando da porta de trás do carro, que na realidade era a porta das crianças, ao passo que eu estava falando da porta da parte traseira do carro, que era a do porta-malas!

Quem se comunicou mal? Isso mesmo, eu, pois acabei me expressando de forma incompleta, além de imaginar que o rapaz pensaria exatamente como eu.

A propósito, esta é uma prática comum: achar que as pessoas pensam exatamente igual a nós. Isso quando já não fazemos projeções das atitudes delas baseadas no que se passa na nossa cabeça, ou o famoso "pensei que você faria tal coisa", como se a pessoa estivesse assistindo em uma tela 4K a tudo o que se passa na nossa mente! Por isso, a comunicação é tudo, em especial nos relacionamentos.

Mais uma vez, **quando você melhora a comunicação, melhora também os resultados correspondentes**. Em relação à sua comunicação com a Sabedoria em pessoa, ela só vai melhorar se você atender a todos os itens da lista que acabou

— 123 —

de aprender ou rever. Aliás, a lista não vale somente para o seu relacionamento com Deus ou Jesus; vale para todo e qualquer relacionamento na sua vida.

É preciso tomar uma atitude radical hoje mesmo quanto às lições e aos itens dessa lista se queremos mudar os nossos relacionamentos. Nada de querer encontrar atalhos para evitar esforço, como fizeram as cinco virgens insensatas do capítulo anterior.

Prepare-se para viver resultados extraordinários neste mundo apenas seguindo exatamente a cada um desses ensinamentos. O melhor de tudo e o mais esperado: quando fechar os olhos aqui, saiba que você os abrirá na glória como recompensa de ter aceitado esse desafio.

> **Quando você cumpre os princípios aprendidos no Livro da Sabedoria Milenar, Deus cumpre as promessas que fez.**

Tenho plena certeza de que o que a Sabedoria em pessoa fará na sua vida, na sua casa, na sua família, na sua causa, nos seus negócios, ou naquilo que é impossível para você neste momento, está diretamente ligado a como você se relaciona com ela. Intensifique o que a Sabedoria ama e rejeite o que ela odeia.

Cada um carregue a sua cruz, mesmo que esteja pesada. Apenas não deixe de carregar. Continue andando, pois não existe nada que saia do controle de Deus.

As 12 lições para manter o relacionamento com a Sabedoria

Cumpra os princípios aqui aprendidos do Livro da Sabedoria Milenar, porque, quando você os cumpre, Deus cumpre as promessas que fez.

• • •

Para finalizar este capítulo, entenda que:

- Para ter a Sabedoria em pessoa, é preciso manter um relacionamento saudável com ela, compreendendo o que ela ama e o que ela odeia.
- O segredo do relacionamento com o Senhor é atentar para as cinco lições do que ele ama e para as outras sete do que ele odeia.
- A comunicação certa fará toda a diferença em seus resultados.
- O sucesso do seu relacionamento com a Sabedoria em pessoa depende do cumprimento das instruções mencionadas neste capítulo.

QUANDO VOCÊ CUMPRE OS PRINCÍPIOS,

DEUS CUMPRE AS PROMESSAS.

As 12 lições para manter o relacionamento com a Sabedoria

APLICAÇÃO

1. Como você descreveria o seu relacionamento com a sabedoria antes de ler este capítulo? Como será agora?

_____

_____

_____

_____

_____

_____

_____

2. Quais itens da lista do que a Sabedoria em pessoa ama você já tem realizado, mas precisa melhorar, e quais ainda deve começar a cumprir? Comente.

_____

_____

_____

_____

_____

_____

O PROBLEMA É SEU

3. Você alguma vez, por descuido, acabou fazendo alguma coisa que ela odeia? Em caso afirmativo, comente como pode reparar.

4. Como era a comunicação com a Sabedoria em pessoa antes de ler este capítulo? Como será a partir de agora?

CAPÍTULO 5

OS FRUTOS DA SABEDORIA

"E ninguém põe vinho novo em vasilha de couro velha; se o fizer, o vinho rebentará a vasilha, e tanto o vinho quanto a vasilha se estragarão. Ao contrário, põe-se vinho novo em vasilha de couro nova."

MARCOS 2.22

Não há um ser humano que não esteja sujeito a problemas. Muitos são tão imprevisíveis e inimagináveis que podem ser traduzidos por "pisadas". Os problemas são inerentes à vida, por isso não há como passarmos por ela ilesos, como vimos nos capítulos anteriores. Ainda assim, além de possuir as ferramentas já mencionadas para resistir e sobreviver a tudo o que você estiver enfrentando ou vier a enfrentar, neste capítulo você verá que também é possível sair completamente transformado pela sabedoria.

É possível que você já tenha sido pisado em um relacionamento, ou eventualmente foi pisado no trabalho por um chefe.

O PROBLEMA É SEU

Talvez tenha sido pisado em uma discussão com um amigo, com um vizinho, ou talvez já tenha levado uma "pisada" numa discussão de trânsito. Há, no entanto, marcas mais profundas, como ser pisado pelos próprios pais, por alguém próximo, por um líder, enfim, por pessoas que deveriam cuidar de você; pode ser que a pessoa que mais deveria protegê-lo seja a que mais pisou em você. Se, por acaso, você ainda não sabe do que estou falando, sinto informar, mas um dia você será pisado.

> **Problemas grandes podem pisar em você, porque dificilmente uma pessoa viverá sem passar por isso.**

Todo mundo passa nesta vida por problemas difíceis ou situações constrangedoras, dolorosas, vergonhosas. Como seres humanos, que vivem em um mundo imperfeito, é impossível sairmos daqui emocionalmente intactos, sem nunca experimentar o sofrimento, nunca perder, nunca receber uma pisada de alguém, ou mesmo não ser vítima de uma situação inesperada.

As pisadas são várias: doença, desemprego, falta de esperança. No exato momento em que escrevo este livro, a pandemia de covid-19 vem pisando no calcanhar do mundo todo, e todos tivemos que nos deter de alguma forma: os sonhos foram interrompidos; os projetos, adiados; toda a nossa vida se viu praticamente afetada.

Os frutos da Sabedoria

Seja o que ou quem tenha pisado em você, tenha uma certeza: **nada disso é surpresa para Deus**, a Sabedoria em pessoa. Então, preste atenção: acalme o seu coração.

Acalme o seu coração porque todas as pessoas vitoriosas que você conhece já foram pisadas. Não me refiro somente aos exemplos que encontramos no Livro da Sabedoria Milenar, mas também às estatísticas atuais, pois revelam que uma pessoa bem-sucedida em alguma área da vida hoje teve que suportar dor no passado.

> **Acalme o seu coração.**

Recentemente, li uma frase bastante expressiva atribuída a Nelson Mandela. O texto diz que, quando estava sendo posto em liberdade, depois de ficar injustamente preso por quase trinta anos por motivos políticos, Mandela saiu pelos corredores do presídio dizendo:

> Quando eu saí em direção ao portão que me levaria à liberdade, eu sabia que, se não deixasse minha amargura e meu ódio para trás, eu ainda estaria na prisão.

Esse homem tornou-se o primeiro presidente negro da África do Sul.

A história de Mandela fala muito a mim, porque há muitas pessoas que não sabem lidar com a dor, porque ser pisado dói, ser humilhado dói.

O PROBLEMA É SEU

Há pouco, recebi a seguinte mensagem de uma moça: "Estou desesperada. Acho que vou tirar a minha vida". A moça dizia ter se apaixonado por um rapaz, que lhe havia prometido um monte de coisas. Depois que ela fez tudo o que ele tinha pedido (sair de casa, mudar-se para outra cidade), ele simplesmente desapareceu tão logo soube que a garota estava grávida. "O que vou fazer agora da minha vida? Eu desobedeci aos meus pais, me mudei para outra cidade, ninguém mais me quer e, agora que estou grávida, ele desapareceu e não vai voltar." Infelizmente, recebemos muitas mensagens como essa.

Certas pisadas doem na alma. Há traumas que doem no corpo, na superfície, mas outros atingem o íntimo. Alguns abandonos são difíceis de lidar.

Um dia desses, eu brincava com os meus filhos na parte da manhã, antes de ir trabalhar. Quando me levantei para sair, depois de quase uma hora brincando, eles começaram a ficar desesperados, dizendo: "Mas você já vai sair? Você já vai trabalhar?". E o pequenininho começou a chorar: "Não, pai! Não vai, não vai!". Foi quando pensei comigo: "Meu Deus, eu sou um pai presente, brinco todos os dias com os meus filhos, passei a manhã com eles, e mesmo assim eles ficam tristes".

Agora, imagine quem nunca teve um pai com quem brincar, quer porque ele foi embora antes do tempo, quer porque ele deixou de atender ao telefone, porque ele não quer mais pagar a pensão.

Cada um de nós lida com traumas que chegam a doer dentro.

Há pessoas que já não querem entrar em uma igreja porque foram feridas por líderes cujo papel é cuidar delas. A Sabedoria em pessoa é muito maior do que qualquer líder. Por mais que alguém tenha ferido você, Deus nunca vai feri-lo, por isso repito: **acalme o seu coração, porque os seus problemas serão resolvidos**.

Eu vou provar, neste capítulo, que tudo o que está acontecendo ou que já aconteceu com você, cada pisada, cada dor, é uma estratégia divina para mudar a sua forma.

Lembra-se do que contei no início deste livro? Há problemas que são causados por nós, mas há outros que são enviados por Deus.

Os últimos não são castigos, como muitos ingênuos podem pensar, mas verdadeiros instrumentos de transformação, porque a verdade é que muitas vezes precisamos de "ajustes". Você pode até questionar o que acabo de dizer, mas explico: de certa forma, dependendo de como está, você não tem tanto valor. Antes de ficar chocado com as minhas palavras, acompanhe a história a seguir.

Quando a uva se torna o melhor vinho

Certa vez, contei sobre o processo de transformação da uva para um grupo de pessoas durante um treinamento. Pedi à minha equipe que colocasse sobre a mesa um cacho de uvas; depois comecei a perguntar às pessoas quanto valia um cacho como aquele. O preço variou entre R$ 10,00 e R$ 12,00, chegando, por fim, ao valor mais alto de R$ 15,00 por um único cacho de uvas. Então, prossegui na exposição:

— A uva é bonita? — perguntei à plateia.

— Sim, é bonita — eu mesmo respondi. — Todo mundo quer uma foto de um cacho de uvas na cozinha; é lindo.

— A uva é saborosa? Sim, é saborosa.

— A uva serve para um monte de coisas, não é? — continuei instigando os ouvintes.

Continuei expondo as qualidades da uva, até chegar à frase final: apesar de a uva reunir todas essas características positivas, ainda assim ela não vale muito.

Na sequência, apresentei uma taça de vinho e questionei ao público quanto custava uma garrafa dos vinhos mais caros que existem. O espanto foi geral quando revelei que uma única garrafa pode chegar a custar US$ 100 mil, ou seja, mais de R$ 500 mil!

Cerca de R$ 500 mil é o valor que pode chegar a custar uma garrafa de vinho, ao passo que um cacho de uvas jamais custaria tanto, até porque a uva tem prazo de validade.

A uva é bonita, é saborosa, tem muitas utilidades na cozinha, mas, em forma de fruta, custa pouco e tem prazo de validade. Enquanto for uva, só vale R$ 15,00; além disso, se fica uma semana fora da geladeira, estraga e apodrece. No entanto, a uva

Os frutos da Sabedoria

tem a chance de mudar de valor. Mas, para que isso aconteça, precisa antes mudar de forma. Aí é que reside a grande analogia desse processo: **ninguém quer passar pelo que a uva tem de passar, que é justamente ser pisada**.

Ninguém quer ser pisado. No entanto, a única maneira de a uva mudar de forma e de valor é sendo pisada; não tem outro jeito. Quando o Livro da Sabedoria Milenar fala sobre "lagar", refere-se a um lugar de pedra onde as uvas eram jogadas para ser pisadas. Em muitas vinícolas, prepara-se o vinho desta forma: as pessoas pisam nas uvas para extrair-lhes o sumo, ou seja, o néctar da fruta. Hoje em dia, já existem vinícolas mais modernas que extraem o suco da fruta com máquinas, mas muitas ainda usam o processo milenar, que é pisar mesmo nas uvas.

Três fatores pertinentes na produção de vinho	
Ambiente:	*Muito importante ser um local apropriado, com a temperatura e as condições adequadas.*
Tempo:	*O vinho não fica pronto de um dia para o outro; alguns passam por um processo de anos até ficar pronto.*
Pessoas:	*O processo requer um especialista, conhecido como enólogo.*

Agora, imagine a seguinte cena em que a mãe da uvinha começa a gritar: "O que estão fazendo com o meu filho?".

O PROBLEMA É SEU

Essa pequena uva é como uma pessoa: alguém que caminha com retidão nesta vida, é comprometido e esforçado, mas, mesmo assim, vive sendo pisado como naquele lagar descrito na Sabedoria Milenar. Poderia até mesmo questionar: "Por que eu?".

O que você não sabe é que, quando a Sabedoria em pessoa permite que alguém seja pisado, é para mudar sua forma, porque, como vimos, a uva em sua forma sólida vale R$ 15,00, mas, na forma líquida, vale milhares de reais.

O Mestre, às vezes, precisa mudar você, a sua forma e estrutura, para que você tenha mais valor, e não é só isso. Quantos anos pode durar um vinho? Eu já adianto: um vinho não tem prazo de validade! Aliás, quanto mais velho, mais caro. Com todo esse processo, a uva deixa de ser perecível e se torna imperecível simplesmente porque foi pisada!

As pisaduras parecem ruins porque, quando a dor vem, certamente causa desconforto. Você conhece o significado da dor? A dor é uma experiência negativa sensorial e emocional, que é medida pela intensidade; ou seja, você pode ter desde uma dor suportável, que só provoca um incômodo, até uma dor que o faz entrar em estado de agonia. É por isso que, quando a dor atingir uma intensidade mais forte, você não conseguirá ver o processo de transformação pelo qual passará, tampouco será capaz de estimar o valor desse processo.

Os frutos da Sabedoria

O normal é que você foque a dor, mas não se culpe por isso, pois é absolutamente humano. Por exemplo, se eu enfiasse uma agulha agora em você e dissesse que isso é para o seu bem, você provavelmente me agrediria. Por quê? Por causa da dor. Nós reagimos à dor, mas não reagimos ao futuro que a dor nos proporciona.

É mais fácil preferir continuar sendo uva por mais um tempinho, porque socialmente é mais aceitável e bonito, a ver a uva sendo pisada. Não há beleza em ser pisado; é humilhante. Mas entenda: essa é a única forma de você passar para o próximo estágio, pois só quem sobrevive às pisadas deixa de ser perecível e passa a ser imperecível. Esse é o estágio em que você vai durar para sempre.

De uma simples azeitona ao mais puro azeite

A transformação pela qual passam as uvas até que se tornem um vinho de grande valor não é uma exclusividade. Há outro líquido caríssimo, que muita gente não pode comprar de tão caro. Exatamente, o azeite. Existem azeites de vários preços, mas geralmente não são baratos. Você pode encontrar um azeite de R$ 40,00 e outros que podem custar R$ 200,00, R$ 300,00 ou mais.

> Quem sobrevive às pisadas deixa de ser perecível.

O PROBLEMA É SEU

No ano passado, fiz uma viagem à Itália com Jeanine. Paramos em uma cidade da Toscana, e eu encontrei, em um armazém, o azeite da marca que eu sempre quis experimentar, pois gosto muito de gastronomia.

— Olhe aqui, Jeanine! Achei o azeite! — disse todo empolgado.

— Quanto que é, moço? — perguntei ao rapaz da loja.

— Oitenta euros — disse o atendente.

"O moço deve ter falado errado...", pensei. "Deixe eu calcular aqui... 80 euros vezes cinco..., mas não é possível que um azeite custe 400 reais!"

— Vai querer um? — perguntou o rapaz.

— Não, não, obrigado! — me apressei em responder e pensei sorrindo: "Fui criado no subúrbio do Rio de Janeiro, e esse italiano acha que pode me 'passar a perna!' ".

Assim como o vinho, o azeite também tem valor inestimável. Mas, antes de ser azeite, ele tem forma de azeitona. Por quanto é possível comprar um frasco de azeitonas? R$ 5, 10, 15, 20? A azeitona estraga? Sim. E o azeite?

Eu levo grupos de pessoas a Israel todos os anos, e sempre levamos as caravanas à prensa de azeite. Visitamos um *kibutz*,[1] onde há muitas plantações de azeitonas, e vemos aquele monte

---

1. Consiste em uma colônia ou comunidade local em Israel que é economicamente autônoma, cuja organização está baseada na cooperação igualitária dos coproprietários que preservam as suas terras e trabalham nelas.

Os frutos da Sabedoria

de azeitonas caídas no chão; você sabe o que acontece quando não se colhe a azeitona na hora? Ela fica toda preta, como se fosse uma uva-passa, e estraga. Mas, se a azeitona for colhida a tempo e for colocada na prensa de azeite, na qual sofre uma pressão intensa, ela passa do estado sólido para o líquido. Contudo, para atingir essa transformação, a azeitona passa por uma dor insuportável.

Se você assistir a uma prensa de azeite em atividade, talvez sinta pena da azeitona, mas não há outro jeito; ela só se tornará azeite sofrendo muita pressão! Esse processo não é suave, tem que ser feito com muita força mesmo. Quanto maior a força, mais extravirgem será o azeite. Já fui várias vezes ver a azeitona ser prensada. A instrução é sempre esta: se a prensa não for realizada com força, o óleo resultante não será o extravirgem, mas aquele óleo que servirá apenas para fazer sabão. O óleo extravirgem só se obtém com a maior pressão possível.

• • •

Pense agora nos dois últimos exemplos, o da uva e o da azeitona. Semelhantemente às pisaduras e às pressões pelas quais ambas passam, **a pressão que você enfrenta na vida —** no seu relacionamento, nas suas finanças, na sua vida espiritual —, que parece que não vai passar nunca, **só foi permitida pela Sabedoria em pessoa para extrair o melhor** azeite e o melhor vinho que estão dentro de você, para mudar o seu valor diante do Mestre e dos homens.

No meu caso, tenho certeza de que, para algumas pessoas, sou muito mais valioso hoje do que antes de ser pisado, porque anos atrás sofri muitas pisaduras, fui muito humilhado. Pessoas que hoje batem nas minhas costas, dizendo "sempre acreditei em você", são as mesmas que há seis ou sete anos me diziam: "Rapaz, você não serve para nada!".

Decidi ser como Mandela, que decidiu deixar para trás todas as feridas. Assim como ele, deixei todas as pisaduras que sofri para trás, porque também quero ser livre de verdade. Por isso, posso abraçar essas pessoas hoje e simplesmente deletar da mente o que elas fizeram, mas não porque eu concorde com o que fizeram; o fato é que a minha vontade de ser feliz é muito maior que qualquer dor pela qual já passei, e também quero continuar a ser livre.

Portanto, jamais se esqueça: **somente quem sobrevive às pisadas muda de valor e passa de perecível a imperecível.**

SOBREVIVENDO ÀS PISADURAS

Como dissemos no capítulo anterior, o Mestre instrui cada um de nós a pegar a própria cruz e segui-lo. Já sabemos que isso não é fácil. Veja este texto, contido no livro de Isaías:

Os frutos da Sabedoria

Mas ele foi ferido por causa das nossas transgressões, e moído por causa das nossas iniquidades; o castigo que nos traz a paz estava sobre ele, e pelas suas *pisaduras* fomos sarados (Isaías 53.5, *ACF*).

Sabe o que é *pisadura*? Quando o Livro da Sabedoria Milenar diz "pelas pisaduras", refere-se às marcas que Cristo carregou por causa das nossas transgressões, das nossas iniquidades; por essas marcas é que nós fomos curados. Observe que até mesmo Jesus foi pisado, porque isso fazia parte de sua missão terrena.

Muitas pessoas recorrem aos templos religiosos, ou oram onde estão e afirmam que querem ser como Jesus. Mas a Sabedoria em pessoa poderia muito bem dizer: "Claro que você não quer isso, pois com uma pequena 'pisadinha', você já reclama". Ou ainda poderia dizer: "Ah, tá! Na realidade, você quer ser como eu em toda a glória, não é mesmo? Mas passar pelo processo pelo qual eu passei, isso é outra história".

É preciso entender que, quando pedimos por socorro, iluminação, discernimento ou o que quer que seja para que Deus nos livre dos nossos problemas, estamos, na verdade, pedindo que ele nos dê vitória no processo. Sabe por quê? Porque simplesmente não há destino sem processo, não existe prêmio sem luta, nem troféu sem corrida.

Além de eterno, Jesus também era mortal, como eu e você. No entanto, o que o torna o Rei dos reis e Senhor dos senhores? Sua morte e sua ressurreição, ou seja, o momento mais crítico, a dor mais angustiante de sua vida. Como eu disse anteriormente, a dor segue uma escala que vai de suportável, que consiste em um incômodo, a agonizante, praticamente uma sensação de morte iminente. Deus permitiu que seu único Filho passasse pela agonia, a ponto de suar gotas como de sangue. Porque o "azeite" que Jesus tinha para dar nenhum ser humano poderia produzir.

Portanto, saiba que a dor que Deus permite você sentir vem na medida certa para você produzir algo novo. Acalme o seu coração, porque, seja qual for a situação pela qual você esteja passando agora, esta tem como objetivo tornar você muito melhor do que antes. Isso tudo é para mudar o seu valor, mudar a sua forma, mudar o seu destino, mudar de perecível para imperecível, de temporal para eterno!

> Não há destino sem processo, não existe prêmio sem luta, nem troféu sem corrida.

SEJA UM FRUTO DA SABEDORIA EM PESSOA

Há muitas pessoas que reclamam e lamentam pelo que têm passado. Questionam por que, se é que Deus de fato existe, ele permitiu que acontecessem certas coisas na vida delas.

Os frutos da Sabedoria

Faça a você mesmo algumas perguntas caso tenha essa postura queixosa:

Você conhece o seu futuro para saber se sofreria mais?

Isso que você está achando ruim poderia ser um livramento de algo muito pior?

Quem garante que aquele emprego que você tanto queria não seria um entrave para que você seja um empresário?

Esse relacionamento que você tinha não teria destruído as suas emoções no futuro?

Aquela amizade não poderia fazer você tomar uma decisão que mudaria negativamente as suas escolhas?

Por que as pessoas ficam revoltadas quando algo ruim lhes acontece como se a vida fosse maravilhosa no futuro?

Você sabe como seria?

A Sabedoria em pessoa sabe, pois já viu cada dia da sua vida, cada dor, cada pisada. Tudo o que Deus permitiu é para extrair o melhor de você. Reforço: Deus não tem nenhuma intenção de fazer você sofrer. A dor só é inevitável para quem se deixa moldar, de uma forma temporal para outra com perspectivas eternas; para quem quer receber algo novo; para quem realmente quer viver uma vida próxima da fonte inesgotável de respostas para todo e qualquer problema.

Lembra-se do que falamos sobre um dos maiores inimigos da Sabedoria em pessoa? Onde estaria o nosso orgulho, não fossem

— 143 —

as pisadas que levamos? Onde estaria a nossa espiritualidade, a proximidade com o Mestre, se não tivéssemos passado os apertos que passamos? Já pensou nisso?

Provavelmente você estaria na farra agora, achando-se o melhor ou a melhor, porque não sofre, não toma uma pisada de vez em quando (e na sequência encontraria a casa vazia, como citei no capítulo anterior). Ele permite certas coisas também para limitar o nosso orgulho, mas preste atenção: ele permite determinadas situações porque você pediu. Você talvez apenas não se lembre desse pedido...

Você se esquece de que fez orações pedindo por uma nova oportunidade, por crescimento, por saúde e prosperidade e, principalmente, por "sabedoria" para sair de situações difíceis. Acontece que nada cai do céu, e, ainda que você não se lembre, **Deus jamais se esquece**. Ele ouve todas as súplicas, como: "Senhor, estou nas tuas mãos", ou "Seja feita a tua vontade". Então, ele responde: "Claro! Farei isso". Só que você se esquece do que pediu a ele e não se dá conta de que, com o seu pedido, veio também a permissão.

Cada ação divina na sua vida é resultado do que você mesmo pediu, porque Deus é cavalheiro; ele nunca chega sem a sua permissão. Por isso, quando escuta a sua oração, ele leva a sério o seu pedido. E o melhor de tudo é que ele manda a resposta em um formato que dá certo, não no formato que você espera ou acha que deve ser. A solução já vem no formato que funciona!

Os frutos da Sabedoria

O azeite dura muito e é caro, o vinho dura muito e é caro. Jesus é o Rei dos reis para todo o sempre e por tudo isso teve que ser ferido e moído. Então, não reclame das pisadas que já levou ou levará. Em vez disso, acalme o seu coração, porque Deus está no controle de tudo, da sua vida e dos problemas, especialmente daqueles que você julgava representarem o fim de qualquer esperança. Cada aperto, cada aflição, deixará você muito melhor do que antes. Não se esqueça das uvas nem das azeitonas.

Os apertos provocados pela quarentena ao redor do mundo em 2020 tornaram muitas pessoas melhores. Você teve que pôr em dia muita coisa na sua vida emocional. Teve que repensar a sua vida financeira e talvez agora seja uma pessoa mais equilibrada. Muitos resgataram sua espiritualidade nesse momento. Cada pisada que o Mestre permite pode representar um nível a mais de crescimento e sabedoria na sua vida. Trata-se de um óleo mais precioso que está sendo extraído de você.

Não sei quantas pessoas podem comer o conteúdo de um vidro de azeitonas de uma vez, mas sei que são muitas mais as pessoas que podem fazer uso de um frasco de azeite. Não sei quantas pessoas podem dividir um cacho de uvas, mas o número é bem maior das que podem beber uma garrafa de suco de uva ou se servir de um vinho. Sabe o que isso quer dizer? Quando Deus permite você ser pisado, ele o está "multiplicando".

Toda dor, todo sofrimento, além de mudar a sua forma e o seu valor, também opera em você a multiplicação. Se eu não tivesse

> **A forma que você terá depois das pisadas que levar farão exatamente isto: você não caberá mais no lugar que ocupa hoje.**

sido pisado, sabe onde eu estaria hoje? (E não que isso fosse errado; só não era o meu destino.) Eu estaria atrás de uma mesa de escritório, vendendo passagens aéreas, que foi o que eu fiz durante a minha vida toda antes de ser palestrante. Tem alguma coisa de errado nisso? Absolutamente nada. Trata-se de um trabalho justo, tranquilo, com o qual eu pagava as minhas contas em dia; tudo certo. Só tinha um problema: eu não nasci para aquilo. A questão não é se era ruim ou se era bom, apenas não era para mim.

Já sentiu o mesmo quanto a você? Pois eu digo: o pior é nos acostumarmos com algo que não é para nós. Hoje ocupo o lugar em que estou não porque eu seja um grande orador, não porque conheça muito da Sabedoria Milenar, não porque eu seja agraciado com a sabedoria divina. Não se trata de nada disso, mas porque eu fui pisado e comecei a multiplicar; ou seja, a forma que eu assumi já não cabia atrás de uma mesa de agência de viagens. Essa nova forma ocuparia outra função e espaço ao redor do mundo, como mensageiro para ajudar milhares de pessoas a mudar de vida.

A forma que você terá depois das pisadas que levar farão exatamente isto: você não caberá mais no lugar que ocupa hoje.

Você precisa entender que o seu valor depois de cada pisadura não permitirá que você permaneça no mercado em que está neste momento. Então, acostume-se com novas companhias que surgirão no seu caminho. Você receberá novos ares que a Sabedoria em pessoa

> **Acalme o seu coração, porque, mesmo sendo pisado, Deus está no controle.**

enviará para você respirar. Acostume-se a começar a alimentar os outros em vez de ser alimentado, pois agora você vai se multiplicar. Você sairá da casca que ocupa e poderá ajudar a transformar não só a sua vida, mas também a de quem estiver à sua volta, ou seja, a vida de muita gente.

NÃO FUJA DO LAGAR

Tenho certeza de que o viticultor não fica com pena da uva sendo pisada, porque ele sabe a que se destina.

Só fica com pena de quem está sendo pisado quem não entende o processo da multiplicação. O viticultor não fica se lamentando pelas pisadas que a uva leva, porque ele já sabe que o objetivo é torná-la um vinho de elite, algo valioso. Por isso, não há motivo para ficar com pena do processo; ele simplesmente faz o processo acontecer.

Chegou a hora de você parar de sentir pena de você mesmo. Acabou! Pois agora você já sabe que o que está acontecendo com você, o processo pelo qual está passando, a dificuldade que está vivendo, o aperto que parece não ter data para terminar, são todos problemas que prepararão você para alcançar outro nível, outro tempo.

Analise por alguns instantes. Você realmente tomaria as decisões mais prudentes que já tomou e toma até hoje se não tivesse sido pisado lá atrás? Eu garanto que não. Você nunca acreditaria na existência da Sabedoria em pessoa se você não fosse pisado. Nunca agiria por fé como agirá daqui por diante se não fosse pisado.

O Mestre sabe como é o ser humano, por isso permite que passemos pelo vale da sombra da morte, conforme descrito na Sabedoria Milenar; ele permite que passemos por desertos, como o povo de Israel teve que passar. Até porque a terra prometida só pôde ser apreciada quando se comeu antes o maná no deserto. Em outras palavras, quando já atravessamos um mar de problemas intermináveis, aprendemos o real valor de ter sabedoria para nos salvar de um afogamento.

Este capítulo fez você voltar a atenção para o valor do azeite e o do vinho, ao mesmo tempo em que o fez recordar que o preço da matéria-prima é bem inferior ao do produto finalizado. Por esse motivo, quando você entende o valor de onde saiu, é capaz de entender o valor de onde está destinado a chegar.

Como diz 1Coríntios 2.9, as coisas que estão reservadas para você:

[...] "Olho nenhum viu,
ouvido nenhum ouviu,
mente nenhuma imaginou
o que Deus preparou
para aqueles que o amam".

Já revelei aqui que a Sabedoria em pessoa é a chave que destrava todas as respostas para os seus problemas. Portanto, se você realmente está disposto a conquistá-la, entenda que todas as pisadas, todo esse lagar no qual você está sendo macerado, servem apenas para mudar de nível; são ações necessárias para mudar o seu valor, pois não há outra forma de você se tornar indestrutível e imperecível.

É possível que tudo na sua vida estivesse com prazo de validade. O seu relacionamento ou casamento talvez estivesse com os dias contados; a sua saúde, afetada; a sua vida profissional, por um fio. Antes, parecia que a qualquer momento tudo iria acabar!

Contudo, agora não existe mais essa perspectiva, pois, afinal, você mudou de valor, mudou de forma, mudou de prateleira. Como as pessoas o valorizarão e o enxergarão a partir de agora será diferente. Tenho certeza de que as pessoas que me param hoje em dia, seja para uma foto, seja para me contar o testemunho delas, se sentem motivadas a fazer isso porque se identificam com o processo duro pelo qual passei.

Permita-me dar-lhe uma notícia, pois talvez você nunca tenha enxergado por este ângulo: quando Deus o enviou para a prensa de azeite (transfigurada em problemas), quando ele o mandou para o lagar para ser pisado (o que aqui podemos chamar de dor), foi para livrá-lo da própria morte, que, muitas vezes, não é apenas física, mas também emocional e espiritual.

> **O que leva as pessoas a escutarem você não são as suas vitórias, mas o processo pelo qual você passou e por meio do qual sobreviveu.**

Ele fez isso para livrá-lo da podridão, porque o único jeito de você não apodrecer e morrer é ser pisado para justamente mudar de forma e estado. Esse é o verdadeiro "ajuste" que mencionei anteriormente.

Você será pisado e mudará de valor, o que não significa que desaparecerá, mas apenas que terá sido transformado. As pessoas começarão a escutar o que você tem a dizer, a sua empresa começará a ser ouvida, o seu negócio começará a ser visto, o seu propósito começará a ser revelado, a sua família será fortalecida, pois você não terá desaparecido, mas simplesmente terá mudado de um valor, antes limitado, para outro, inestimável.

Os frutos da Sabedoria

• • •

Enquanto você está lendo este livro, há milhões de pessoas acometidas por ansiedade, angústia e depressão. Um dado assustador, divulgado pela OMS em 2019, é que o Brasil atingiu a marca de país mais ansioso do mundo, com aproximadamente 20 milhões de pessoas que convivem com esse transtorno. Somando-se a isso, uma pandemia causada por um vírus tem deixado muita gente trancada em casa, desesperada com seus problemas; por essa razão é que espero que esta mensagem chegue até elas:

**Você precisa saber que dá para acalmar o seu
coração no meio de toda essa confusão,
porque Deus está no controle.**

Antes das pisadas, ele é Deus; no meio das pisadas, ele é Deus; depois das pisadas, ele continuará sendo Deus. Quem muda com as pisadas é você; ele não muda. Ele é imutável, invencível, indestrutível; ele, que é a Sabedoria em pessoa, não deixará ninguém passar por problemas além dos que ele permita, pois continua no controle do Universo.

• • •

O PROBLEMA É SEU

Para finalizar este capítulo, entenda:

- Existem problemas que são enviados por Deus, mas não são um castigo divino, e sim uma oportunidade de mudar a sua forma e o seu valor.
- Ao passarmos pelas pisaduras nesta vida, não mais caberemos no atual lugar que ocupamos, pois não só mudaremos de forma e valor, como também seremos multiplicados.
- Todos as nossas orações destinadas a resolver os nossos problemas são fielmente cumpridas por Deus; e as soluções vêm na forma certa, não como as pessoas acham que devem ser.

AI DAQUELE QUE FUGIU DO LAGAR,

PORQUE ESTRAGOU DIAS DEPOIS.

AI DAS AZEITONAS QUE NÃO FORAM

COLHIDAS A TEMPO PARA IREM À

PRENSA VIOLENTA DE AZEITE,

PORQUE ELAS CAÍRAM NO CHÃO

E APODRECERAM.

O PROBLEMA É SEU

APLICAÇÃO

1. Como você encarava os problemas imprevisíveis e inimagináveis que aconteciam na sua vida antes de ler este capítulo? Como vai encará-los agora?

2. Você costuma se lamentar das pisadas que leva de outras pessoas ou situações? Comente qual postura assumirá de hoje em diante para suportar essa transformação.

Os frutos da Sabedoria

3. A Sabedoria em pessoa já revelou quais ferramentas você pode utilizar para mantê-la ao seu lado. Comente quais delas você poderá usar diante da dor provocada pelas pisaduras.

_____

_____

_____

_____

_____

_____

_____

_____

4. Quais são as pisadas que você deixará para trás depois de ler este capítulo? Comente.

_____

_____

_____

_____

_____

_____

_____

_____

_____

CAPÍTULO 6

PARE DE CRIAR PROBLEMAS

"Qual de vocês que, possuindo cem ovelhas, e perdendo uma, não deixa as noventa e nove no campo e vai atrás da ovelha perdida, até encontrá-la?"

LUCAS 15.4

A fome é um enorme problema, que não se resume apenas à privação de alimentos para nutrir o corpo. Há fomes de naturezas diversas, que, muitas vezes, matam aos poucos as pessoas de inanição sem que se deem conta do que está acontecendo.

Responda sinceramente: Você já cometeu uma burrice daquelas na sua vida? Quem sabe já fez duas grandes besteiras? Ou até mesmo já perdeu a conta dos erros que cometeu?

Enquanto escrevia este livro, realizei várias pesquisas, e um dos dados que descobri foi que 95% dos problemas que você resolverá durante toda a sua vida foram criados por você mesmo. Somente 5% dos problemas com os quais você lida não foram

— 157 —

O PROBLEMA É SEU

ocasionados por você. Quanto a essa pequena parcela, podemos dizer que foi o governo, um parente, alguém que usou o seu nome emprestado (se bem que, nesse caso, você também é responsável, porque foi você que emprestou o seu nome, mas vamos deixar ainda na conta da tia, do primo, de quem quer que seja). Somente 5% representa problemas que não foram criados por você. Os outros 95% são da sua inteira responsabilidade. Quer ver um exemplo básico?

Uma pessoa ganha R$ 1.500,00 por mês, tem um cartão de crédito com limite de R$ 2.000,00. Religiosamente, no dia do pagamento lá está ela no *shopping*! Acontece que, dos R$ 1.500,00 que ganha, cerca de R$ 900,00 já foram embora no aluguel, outros R$ 200,00 com as contas de luz e de água, além de mais um montante para o supermercado e outros gastos não anotados. Sobram apenas R$ 120,00 no banco, e nesse bendito dia ela vai a um *shopping* qualquer, com o cartão de crédito com R$ 2.000,00 de limite, e diz para si mesma: "Hoje eu vou arrasar, porque trabalhei o mês inteirinho que nem um camelo, por isso eu mereço!". Com isso, em menos de duas horas usa todo o crédito de R$ 2.000,00; em seguida, pensa alto: "Deus proverá!".

Em geral, o brasileiro pensa assim. Cheio de fé! Principalmente quando vai gastar o dinheiro que não lhe pertence. A pessoa sabe que o cartão não é dela, o saldo não é dela, e

Pare de criar problemas

está usando o dinheiro do banco, que insiste em achar que lhe pertence só porque aparece na conta bancária. A isca perfeita.

Esse é um dos tipos de problemas no qual grande parte das pessoas acaba se metendo. Quando o banco começa a ligar, cobrar e dizer que vai tomar a sua casa, ou o seu carro, ou tomar tudo o que você tem, começa a bater o desespero. Você começa a apelar até para campanhas de oração, na tentativa de restituir aquele dinheiro que na realidade você nunca teve!

O Livro da Sabedoria Milenar diz que é melhor obedecer do que sacrificar, e a Sabedoria em pessoa nos alerta sobre isso, porque sabe que gostamos de sacrifícios. A pessoa desobedece e prefere pagar penitência, sofrer, correr para uma vigília no alto do monte. Ela corre atrás do prejuízo, procurando fazer alguma coisa para resolver o problema no qual entrou sozinha. Era só não ter entrado, mas obedecer é difícil.

> A pessoa desobedece e prefere pagar penitência.

Eu já fiz muitas burradas na vida, e é por isso que eu me sinto confortável em perguntar a você quantas você também já fez. Talvez incontáveis, talvez algumas, mas todos nós já fizemos alguma coisa que nos meteu em uma situação difícil de sair ou que nos deixou muito tempo quebrando a cabeça para tentar resolver. No entanto, tem um personagem descrito na Bíblia que é mestre nisso.

O PROBLEMA É SEU

O "filho pródigo" é mestre em entrar em problemas. Por isso, ao longo de todo este capítulo, vamos estudar a vida dele. Essa famosa parábola bíblica está descrita em Lucas 15, e acredito que não há quem não conheça esse relato, mas talvez você tenha que atentar para ele de uma ótica diferente a partir de agora.

A parábola do filho pródigo

Um homem tinha dois filhos. Certo dia, o mais novo está em casa, entediado, olhando de um lado para o outro, quando, de repente, tem a brilhante ideia de pedir a herança ao pai. "A vida está boa demais, vou cair fora daqui para mudar um pouco esta chatice...", pensa.

Assim, o filho pródigo, por livre e espontânea vontade, vai ao pai e diz:

— Pai, me dá a minha parte da herança, porque eu vou sair de casa!

O pai chora, fica triste, mas é o combinado; o filho tem direito a uma parte da herança. Então, o pai pega a parte da herança que cabe ao filho e lhe entrega.

Não demorou muito, esse filho mais novo reuniu tudo o que tinha herdado e caiu no mundo! Foi para uma região distante de casa e lá desperdiçou todos os seus bens de forma irresponsável. E adivinha? Depois de ter gastado tudo, o que ele menos esperava aconteceu: uma grande escassez começou a assolar toda aquela região. Não deu outra: o filho pródigo começou a passar fome.

— 160 —

Como o ser humano prefere pagar penitência do que evitar o problema, esse filho agora sem um tostão no bolso foi buscar um ganha-pão, e o único lugar que lhe restou foi um criadouro de porcos, embora na casa do pai tivesse de tudo.

Acontece que a fome apertou tanto que até a comida dos porcos ele desejou comer para preencher o estômago, mas nem isso conseguiu, porque ninguém ali se compadeceu para lhe dar nada.

...

O fim dessa história você provavelmente conhece. Esse filho se arrepende, volta para casa e, diferentemente do que pensava, foi recebido com festa pelo pai.

No entanto, o que quero destacar nessa história é o seguinte: você já reparou como o ser humano é complicado? **As pessoas são tão complexas que, quando elas não têm problema nenhum, fazem questão de criar algum para chamar de seu!**

"Eu vou criar um problema pra mim hoje! Vou brigar no trânsito! Vou xingar alguém, vou fazer alguma coisa, porque a minha vida está muito pacata, muito paradinha!"

Isso é inconsciente. Quando tudo parece ir bem, seu cérebro ativa o modo "tem algo errado", e você faz algo para atrapalhar.

A Sabedoria Milenar não diz que o filho pródigo estava privado de seus direitos, ou sendo perseguido por alguém, ou ainda que o pai era injusto com ele. Não! Estava tudo bem!

Ainda assim, ele decidiu, por livre e espontânea vontade, se meter em um problema, da mesma maneira que você resolveu assumir aquela dívida, insistiu em manter aquele relacionamento tóxico, continuou com aquele vício... Todo tipo de problema que o vai consumindo aos poucos.

Enfim, se você fez o que quis fazer, você foi o responsável por entrar no problema em que entrou, exatamente como o filho pródigo.

Esses são os 95% mencionados, ou seja, os problemas que são criados por você. Há exceções, obviamente.

NUNCA ANDE SEM O GPS

Você acabou de ver que o ser humano tem a tendência natural de criar problemas, mas, como você tem visto ao longo deste livro, a Sabedoria em pessoa nos oferece uma série de oportunidades para nos vermos livres das aflições. A partir de agora, você aprenderá como romper com o círculo vicioso de criar problemas, que sempre acontece quando você não está atento aos alertas, às surpresas escondidas no meio do caminho, ao tentar ser dono do seu próprio destino.

Você já usou o Waze, aquele aplicativo de GPS para dirigir? No Waze, há muitos usuários, os chamados "wazers", que indicam como está o trânsito em tempo real. Quando está dirigindo por determinada via e usa o Waze como guia, você começa

— 162 —

a receber notificações do aplicativo que o informam de uma *blitz*, por exemplo, a cerca de 1 quilômetro de onde você está, ou, de repente, de um acidente a poucos quilômetros. Nesses casos, o próprio aplicativo oferece rotas alternativas ao usuário. Não é ótimo isso?

O GPS, assim como os usuários, começa a enviar alertas para você não ter surpresas no meio do caminho. Você insere o seu destino no navegador e pronto!

Sem GPS, ou a Sabedoria em pessoa, quando você menos espera, já está no congestionamento. Veja se não foi exatamente isso que aconteceu com o desavisado filho pródigo. Ele toma a herança e, sem saber — porque não tinha recorrido a nenhum alerta, não consultou ninguém (perceba aqui a importância dos conselhos) —, parte justamente numa época em que sobrevinha uma grande fome sobre a terra. Observe também que ele não ficou miserável porque perdeu tudo, mas ficou miserável porque perdeu tudo em uma época de grande fome.

Se você perde tudo, dá para recuperar depois? Eu já perdi tudo e recuperei. No mínimo, você pode não voltar ao patamar em que estava

> Quando você resolve ser o dono do seu próprio destino, fica sem GPS e assim não recebe alertas no caminho, uma voz que diga: "Cuidado, acidente na estrada". Você está literalmente sozinho.

antes, mas pode começar a fazer serviços gerais ou a lavar carros no seu bairro, por exemplo, e fome você não passará. No entanto, na época do filho pródigo, não era bem assim.

Voltando à história, o filho começou a passar fome, porque inadvertidamente entrou em um problema do qual não dava para sair. Ele não fora alertado de que o futuro seria pior do que imaginava. Existem coisas na vida que são imprevisíveis se a Sabedoria em pessoa não nos alertar no meio do caminho.

O jovem não quis escutar o pai; não quis escutar ninguém. Simplesmente pegou a parte dele da herança, foi embora de casa e começou a gastar tudo!

A IMPORTÂNCIA DE "CAIR EM SI"

"Cair em si" é o começo da resolução dos problemas que você mesmo criou. Então, acompanhe o exemplo a seguir.

Você alguma vez já recebeu o salário e o gastou inteirinho? Dali a cinco dias, você se pergunta com espanto o que foi que aconteceu com o dinheiro, por que ele desapareceu assim de repente? Ou, ainda pior, você já ganhou uma quantia alta, uma herança, uma bonificação, ou foi demitido e ganhou uma grande rescisão? Logo pensa: "Vou fazer a minha vida com esses 10 mil reais!". Bastam dois meses desse evento e você, aos prantos, começa a se perguntar: "Meu Deus, o que foi que houve?". Já aconteceu

Pare de criar problemas

isso com você, ou foi apenas comigo? Quem já não gastou tudo o que tinha pelo menos uma vez na vida?

Voltando ao filho pródigo, você já sabe que ele perdeu tudo, mas o problema não foi só esse. Com a fome instalada sobre a terra naquela época, e sem ter como recuperar o que perdera, finalmente ele começa a passar por um processo que lhe mostrará como sair dos problemas que ele mesmo criou. Em dado momento da história desse filho errante, o texto diz:

> "Caindo em si, ele disse: 'Quantos empregados de meu pai têm comida de sobra, e eu aqui, morrendo de fome!' " (Lucas 15.17).

Primeiramente, vejamos a expressão **"caindo em si"**.

Talvez você tenha uma amiga que namora há anos com um cara. Quando está prestes a se casar, ou a um passo do noivado, ela descobre que o homem é um cafajeste. Então, você diz: "Amiga, ainda bem que você 'caiu em si!'. Conseguiu enxergar!".

Poderíamos usar aqui muitas outras expressões sinônimas, que estão na boca do povo: "cair a ficha", "perceber", "acordar", "se ligar", "cair na real", "se tocar".

Se a pessoa caiu em si, onde é que ela estava antes? Isso é importante para este estudo.

> **"Cair em si" é o começo da resolução dos problemas que você mesmo criou.**

— 165 —

Continuando no exemplo da sua amiga: "Menina, ele foi embora! Desista dele!". Então, ela desabafa: "Aquele cretino! Ainda bem! Foi livramento!".

Vejamos essa situação. O que ela nos mostra? Essa pessoa vivia uma **ilusão**. Estava iludida. É o que acontece quando uma pessoa se produz e vai para a balada, convicta de que vai encontrar o amor da sua vida. Não sei quanto a você, mas eu nunca vi uma pessoa cristã, fiel, bonita, rica (talvez você conheça alguém clamando, de joelhos no chão, por alguém assim agora), arrumando-se em frente ao espelho e falando: "Hoje eu vou para a balada encontrar o amor da minha vida!". Isso existe? Pois é, não conheço.

Tem muita gente iludida, hipnotizada por algo que não vai acontecer. Foi o mesmo que aconteceu com o filho pródigo, que botou uma ideia na cabeça que nunca daria certo: "Eu vou ser feliz! Eu vou seguir com a minha vida! Eu vou tentar sozinho!". A questão é que não dá para estar sozinho, muito menos ser feliz sozinho.

A ILUSÃO DA FELICIDADE SOLITÁRIA

No meu livro *Especialista em pessoas*,[1] falo muito sobre o fato de não ser possível ser feliz sozinho. Você simplesmente precisa de pessoas para tudo o que fizer na vida.

---

1. BRUNET, Tiago. **Especialista em pessoas:** soluções bíblicas e inteligentes para lidar com todo tipo de gente. São Paulo: Academia, 2020.

Pare de criar problemas

Você conhece alguém que gostaria de ser bilionário? Antigamente era milionário, mas agora é "bi" mesmo. Muito bem, há muitas pessoas que querem ser bilionárias; eu também, não seria nada mal. No entanto, quem gostaria de ser um bilionário sozinho em uma ilha deserta? A quem você vai mostrar o seu Jaguar se não tiver ninguém ao redor? Se der uma volta de jatinho e não houver ninguém que diga: "Uau, ele está de jatinho!". Até para "tirar uma onda", você precisa de pessoas!

Nada na vida tem graça sem pessoas, por isso afirmo que o filho pródigo estava iludido. Ele achou que seria feliz com dinheiro, não com pessoas, mas só dá para ser feliz com pessoas. Portanto, você tem que aprender a lidar com elas.

> É impossível viver sem as pessoas; muito menos ser feliz sem elas. Por isso, é preciso se tornar um especialista em pessoas.

A grande maioria das pessoas se especializa durante muitos anos em algo que usa muito pouco. Tempos atrás, ministrei um curso em que falei exatamente sobre especialização em temas pouco usados. Por exemplo, podemos estudar angelologia e demonologia, passando pelo nome de todos os principados, potestades e por aí vai. Sim, podemos começar a estudar, embora saibamos que os usamos muito pouco; se você vê espíritos malignos todos os dias ou fala com algum anjo todo dia, precisa rapidamente criar uma forte corrente de intercessão! Fenômenos sobrenaturais à parte, esse episódio nos mostra que, muitas vezes, as pessoas se especializam em coisas que praticamente não usam; no entanto, não nos tornamos especialistas naquilo de que precisamos todos os dias, que é o ser humano, e saber lidar com ele.

Há, porém, pessoas que entendem mais de anjos e demônios do que de ser humano. Mas você lida todo dia com seres humanos. Quem fere você no dia a dia é o ser humano; quem fala algo de que você não gosta é o ser humano; quem o bloqueia no WhatsApp é o ser humano; quem manda indireta no Instagram é o ser humano. Então, acostume-se com essa realidade e seja especialista em pessoas. Você não vai conseguir ser feliz sem elas. As suas maiores desgraças foram causadas por pessoas, mas as suas maiores vitórias também vêm por meio delas.

> **A grande maioria das pessoas especializa-se durante muitos anos em algo que usa muito pouco.**

O filho pródigo, infelizmente, não sabia nada disso. Então, achou que com dinheiro na mão poderia ir para onde quisesse e deduziu que se daria bem. Contudo, não dá para ser feliz longe daqueles que amamos. Ele estava deixando o pai, estava deixando a família toda para trás. Além disso, não dá para ser feliz se você tentar ser o dono do seu próprio destino e deixar o GPS, que é a Sabedoria, de lado, pois, dessa maneira, ela não vai emitir a você os alertas sobre o que poderá acontecer no futuro.

Depois que esse filho incauto literalmente quebrou a cara, sozinho e sem rumo, o texto da parábola diz que, **"caindo em si"**, ou seja, ao despertar daquele estado de encantamento, saiu daquela vida de ilusão.

ROMPENDO COM A ILUSÃO

Estado de encantamento e ilusão. Você já esteve em um estado parecido? Por alguém ou por algo? Talvez tenha se encantado por um emprego, por um negócio, por uma pessoa. Alguns já entraram naquele negócio da China e pensaram: "Agora chegou a minha vez!".

Tenho um amigo de infância que entrou em um negócio desses. Acontece que, assim que encontrava qualquer pessoa, não passavam dois minutos para ele começar a disparar:

— Eu tenho um *shake* que resolve este seu problema!

— Que problema? — a pessoa perguntava, surpresa.

— Infelizmente, você está acima do peso — ele dizia, fazendo crer que era verdade.

— Eu?

— Sim. Você está acima do peso — prosseguia, convicto.

Quando o primeiro interpelado conseguia escapar, ele já partia para outra pessoa: "Eu tenho um *shake* que resolve o seu problema! Você está muito triste, e eu tenho um *shake* da felicidade também". Ele tinha *shake* de tudo, vendia de tudo. Começou a ser algo tão insistente que aquilo entrou na cabeça dele de forma agressiva, a ponto de a maioria dos seus conhecidos o bloquearem (já era o início da cultura do cancelamento). Então, o que ele fazia? Começou a comprar números de celular diferentes, daqueles pré-pagos, para ficar enviando mensagens:

— Por favor, não bloqueia, não! Não vou falar mais nada.

Quando alguém aceitava o novo número, em seguida lá vinha a foto do *shake*...

Se você já ficou iludido ou hipnotizado por algum negócio, por alguma pessoa, por alguma coisa, que achou que seria a sua esperança ou tábua de salvação, e depois se deu mal, preste atenção, pois trata-se da mesma situação do filho pródigo.

Quando o jovem filho percebeu que o mundo estava assolado pela fome e que já não tinha mais um centavo no bolso, ele finalmente caiu em si. Por que o ato de cair em si é tão importante? Porque há pessoas por este mundo afora que não caíram em si ainda e acham que estão vivendo bem. São capazes até de inventar desculpas, como: "Ah, estou passando fome, mas é normal; neste governo é assim mesmo; todo mundo passa", ou: "Ah, já estou no oitavo casamento, mas aquele famoso já está no nono. É normal, gente!". Assumimos padrões que não nos dizem respeito e que nos servem de comparação só para dar desculpas pelas escolhas erradas que fizemos.

Pessoas que não conseguem cair em si.

No entanto, um aspecto muito positivo da história do filho pródigo é que ele caiu em si, ou seja, conseguiu reconhecer que estava errado e que estava vivendo fora do padrão no qual fora criado para viver. Ele pensou: "Espere um pouco: os trabalhadores da casa do meu pai comem em abundância e eu estou aqui passando fome?".

Cair em si é quebrar o encantamento, sair da rotina de ilusão — algo fundamental para resolver os problemas que criamos.

A história vai ficando ainda melhor, porque, ao se dar conta da situação, ele começa a filosofar: "Uau, eu estou aqui passando fome enquanto tem gente com fartura de sobra lá. Basta eu voltar para casa, porque sei que, pelo menos, tem comida".

> A comparação é uma das piores desculpas que você pode dar para insistir em não cair em si diante dos problemas que criou. Livre-se de ilusões, deixando de assumir padrões que não lhe dizem respeito.

O PROBLEMA É SEU

O QUE FAZER DEPOIS DE CAIR EM SI

"Eu me porei a caminho e voltarei para meu pai e lhe direi: Pai, pequei contra o céu e contra ti." (Lucas 15.18)

Observe novamente essa passagem do livro de Lucas. O filho pródigo está agindo ou pensando em fazer algo? Exato; ele está pensando.

É isso que você também precisa fazer quando desperta diante de um problema: antes de qualquer ação, precisa planejar; ou seja, pensar corretamente gera um bom planejamento. Lembre-se de que você já se meteu em uma situação complicada, muito provavelmente por ser governado pelas emoções, o que não o deixou com muito espaço para pensar, mas agora, para sair dela, terá que se esforçar.

Então, preste atenção. Ele caiu em si e logo começou a planejar: "Preciso me levantar daqui e sair do meio dos porcos e parar de desejar comer bolotas; preciso ir para outro lugar".

O jovem, então, começa a planejar esta sequência de ações: levantar-se de onde está, pegar o caminho de volta para a casa do pai, e, somado a esse plano de ação, logo começa a ensaiar: "Eu vou falar o seguinte: 'Pai, pequei contra o céu e contra ti. Não sou mais digno de ser chamado teu filho; trata-me como um dos teus empregados' ".

— 172 —

As armadilhas da mente

Preciso chamar a sua atenção para o pensamento do filho pródigo. Por que o filho pródigo planeja dizer ao pai que o trate não mais como um filho? Porque toda vez que fazemos algo errado, ou uma grande besteira, o nosso cérebro começa a nos jogar contra nós mesmos, produzindo ideias como: "Eu não vou mais enviar o meu currículo, já fui mandado embora de tal lugar, então não vão me aceitar nessa outra empresa também". Você começa a se menosprezar, e a sua autoestima torna-se baixa demais.

Se a pessoa estiver começando um novo relacionamento, depois de uma desilusão amorosa, começa a pensar: "Poxa, se fulano me abandonou no altar, imagina se aquele cara vai querer casar comigo!".

Estes são exemplos de como temos a capacidade de desmerecer a nós mesmos. Ao vermos o final da história do filho pródigo, porém, compreendemos como esse jogo mental é um grande desperdício de tempo.

Ao voltar para casa, esse filho vai deparar com um banquete que espera por ele, mesmo sem acreditar que isso fosse possível. Ele queria voltar porque desejava mudar a sua própria realidade, mas acaba pondo na cabeça que deveria voltar como um empregado, não mais como filho. Veja como funciona a mente humana: sempre nos pondo para baixo.

Se você não tem quem lhe diga que você é filho, se não tem alguém que diga que a herança ainda é sua, se não tem um mentor

> *para auxiliar você e instruí-lo na vida e dizer "Calma, você fez muita coisa errada mesmo, mas ainda tem uma festa que o espera", você pensará que já se acabaram todas as chances. Puro jogo mental!*
>
> *"Não sou mais digno de ser chamado teu filho; trata-me como um dos teus empregados." (Lucas 15.19)*

. . .

Observe a sequência da resolução do problema dessa história:

1. Diante do problema, o filho pródigo **cai em si**.
2. Ao compreender o problema que criou, ele **planeja** o que vai fazer para resolvê-lo.
3. Por fim, ele **executa** o seu plano.

Perceba a rapidez desse homem para resolver o problema. O livro da Sabedoria Milenar nos mostra que ele caiu em si, planejou e agiu, ou seja, dois versículos depois de se dar conta do que está acontecendo, ele já parte para resolver a situação.

Há pessoas que ficam planejando durante dez anos a resolução de um problema. "Se for de Deus, Marte vai se encontrar com Júpiter, vai vir uma luz do céu, e aí eu vou entender que ele quer que eu faça isso." Depois, essa pessoa passa outros vinte anos esperando isso acontecer.

O filho pródigo não esperou cair do céu. Ele queria sair rápido daquela situação; então, não pediu um sinal a Deus nem

Pare de criar problemas

fez sete semanas de jejum e oração. Ele simplesmente caiu em si, planejou e executou:

Caiu em si
"Caindo em si, ele disse: 'Quantos empregados de meu pai têm comida de sobra, e eu aqui, morrendo de fome!' "
(Lucas 15.17).

Planejou
"Eu me porei a caminho e voltarei para meu pai e lhe direi: Pai, pequei contra o céu e contra ti.
Não sou mais digno de ser chamado teu filho; trata-me como um dos teus empregados"
(Lucas 15.18,19).

Executou
A seguir, levantou-se e foi para seu pai. "Estando ainda longe, seu pai o viu e, cheio de compaixão, correu para seu filho, e o abraçou e beijou"
(Lucas 15.20).

Observe novamente o final da história. O filho pródigo começou a cumprir o plano, levantou-se e foi em direção ao pai, e este, estando ainda longe, avistou o filho e correu para abraçá-lo

> A decisão de dar um basta na humilhação ou situação difícil em que você caiu, a decisão de interromper a escassez na qual você está é sua e de mais ninguém. Não tem oração que seja mais forte que a sua decisão.

e beijá-lo. A partir de então, começa uma grande festa. Os melhores dias da vida desse filho estão para acontecer, porque, **além de planejar, ele atuou para cumprir seu planejamento**. O resultado é que havia uma surpresa divina preparada para ele.

Preste atenção: o filho pródigo não é um personagem qualquer, mas uma figura especial, pois é um dos poucos personagens bíblicos que entram em um problema e saem dele sozinhos. Aqui não há anjos carregando-o nas asas.

Será assim também com você. Ou seja, você terá que sair sozinho da maioria dos problemas que criou para você mesmo.

O filho pródigo teve que arrancar forças de dentro dele para fazer o que fez. Naquela época, não contou com a Sabedoria em pessoa para consolá-lo ou dar-lhe forças. Ele simplesmente disse: "Vou me levantar e nunca mais vou passar por isso!".

LEVANTE-SE E VÁ!

Ele decidiu: "Vou me levantar daqui e vou até o meu pai". Só depende de você. Levante-se e vá! Qual é o seu problema hoje? Acha que está acima do peso? Levante-se e vá para a esteira.

Pare de criar problemas

E pare de passar anos e anos, em frente ao espelho, reclamando: "Estou gordo! Mas também esses alimentos que botam pra gente consumir vêm cheios de agrotóxicos!". Há pessoas que culpam o mundo todo, menos a si próprias.

A verdade é que Deus pode mostrar coisas a você e ajudá-lo em muitas outras, mas, se você não se levantar e for atrás, não haverá como sair do problema em que está. Essa é a realidade!

Para cair em si, você terá que planejar como sair da situação e se mexer.

Voltar para casa de onde havia saído e encarar o pai deve ter sido algo bastante difícil para o filho pródigo. Você acha que é fácil pedir perdão a quem você feriu? Ou acha que é fácil voltar e reconhecer que fez uma burrada? Não é fácil! É humilhante e quebra o nosso orgulho, por isso é preciso ter muita força emocional. É preciso até mesmo força física. O filho pródigo nem sequer tinha dinheiro para pagar a viagem de volta; eu não sei como ele voltou, porque não existia "camelo Uber" na época. Voltou a pé ou de carona, sabe-se lá. O que eu sei é que ele voltou para a casa do pai e resolveu o problema.

As decisões requerem muito do ponto de vista emocional, porque dobram o nosso orgulho e, muitas vezes, isso implica pedir

> **As decisões que tomamos para mudar a nossa realidade exigem grande esforço emocional e físico.**

O PROBLEMA É SEU

perdão a algumas pessoas. Por isso, muita gente acaba triste e frustrada, mesmo estando a um passo da felicidade.

Talvez você já pudesse estar em uma empresa melhor ou em um trabalho mais rentável, mas não envia o seu currículo ou não dá o primeiro passo porque pensa que não é suficientemente bom. É a mentalidade de empregado mesmo quando você poderia agir como filho.

A história do filho pródigo nos ensina tanto, sendo tão prática. É muito simples: levante-se, vá lá e faça. Acabou!

Qual é o seu problema? Caia em si.

O meu problema é este: gasto mais do que ganho. Firo as pessoas que amo por causa do meu temperamento ou por causa do meu jeito de falar.

Então, levante-se, saia do lugar, peça perdão e resolva o problema.

Levante-se e quebre o cartão de crédito!

Está devendo a alguém? Levante-se hoje, ligue para o seu credor, e nada de tentar escapar: "Devo, não nego; pago quando Deus quiser". Não transfira a responsabilidade dessa conta. Negocie a sua dívida, mas pague-a.

O que você tem que fazer hoje para eliminar qualquer que seja o seu problema? O que não pode acontecer é continuar criando problemas e mais problemas, porque a vida passa. Basta!

Como nascem os nossos problemas

Descontrole emocional. Veja como o desgoverno das nossas emoções nos leva a criar toda espécie de problema, causando em nós uma desorientação de rota.

Aposto que você nunca acordou pensando: "Hoje eu vou criar um problema... vou discutir com alguém no trânsito!". No entanto, se descuidarmos dos ensinamentos da sabedoria, é possível fazer alguma besteira dessa natureza.

Antes de contar essa história, preciso dizer o que muitas pessoas talvez ainda não saibam sobre mim. Falo muito sobre inteligência emocional não porque eu seja calmo, mas porque realmente sou do tipo nervoso, impaciente e não muito tolerante. Por isso, tive que dominar o meu temperamento, tive que aprender tudo isso antes de poder ensinar e falar sobre o tema.

Uma vez eu estava dirigindo, passando pelo trânsito da Marginal Tietê, quando comecei a escutar um cara buzinando. Quando ele tentou me cortar, falei: "Ah, mas você não vai passar mesmo! Não é assim não, rapaz". Naquele dia, parecia que havia algo dentro de mim, porque eu realmente fiquei nervoso. O cara estava querendo me cortar. Que é isso, gente? Que absurdo!

Aquele cidadão ainda tentava me cortar e começou a sinalizar com farol, e eu comigo: "Que isso! Agora que eu não vou deixar passar mesmo!". E joguei o carro na frente dele. Quando ele tentou passar, eu engatei a marcha e acelerei. Finalmente, quando ele conseguiu pegar uma brechinha, encostou ao meu lado. Comecei a abaixar o vidro, já pedindo perdão a Deus pelo que ia fazer, quando, nesse momento, o homem emparelha comigo, acena e grita:

— Faaalaaa, pastor Tiago!

— Ooooi, varão! — respondi, começando a recobrar o juízo.

— Carruagem de fogo, hein?! — disse ele, todo sorridente, enquanto eu lhe mandava um joia, sem saber onde enfiar a cara.

— Deus abençoe! Assina o meu livro!

— Assino! — me despedi, pedindo a Deus que me tirasse logo daquela situação embaraçosa que, na realidade, eu mesmo havia criado.

A falta de domínio próprio e de equilíbrio temperamental pode levar muitas pessoas a saírem de casa para arranjar um problema.

Chega de criar problemas! A partir de agora, você deve aprender a sair deles!

• • •

Resumindo, qual é a importância do filho pródigo no nosso contexto? Primeiro, cair em si, romper com a ilusão. Segundo, começar a planejar como sair do problema. Terceiro, executar, sem demora, o que planejou.

Hoje temos vantagem, porque contamos com o GPS chamado Espírito Santo e podemos ter a companhia da Sabedoria em pessoa para nos guiar. O filho pródigo sabia que tinha um pai à espera dele, e nós podemos, além disso, agir com a orientação do Mestre: "Vá por aqui, meu filho; não desista, continue!". Deus vai falando conosco.

Se você der ouvidos, a Sabedoria em pessoa vai orientar você com planos, projetos. Ao se manter próximo dela, você receberá coragem e força física e emocional. Ao decidir caminhar com a Sabedoria, você terá ideias de o que fazer, começará a juntar toda a energia necessária para se levantar e receber o banquete preparado pelo Pai. Assim, começará a viver os melhores dias da sua vida.

> **Como resolver o seu problema? Caia em si. Rompa com a ilusão e o orgulho. Planeje uma estratégia. Execute o que planejou.**

• • •

Para finalizar este capítulo, entenda que:

- Cerca de 95% dos problemas que você tem que resolver durante a vida foram criados por você mesmo. Somente 5% deles foram ocasionados por terceiros.
- Cair em si, reconhecendo que errou, é o começo da resolução dos problemas que você mesmo criou.

O PROBLEMA É SEU

- Os problemas que criamos nascem do nosso descontrole emocional, que ocasiona uma desorientação de rota. Portanto, não ande sem o GPS chamado Sabedoria.
- A decisão de sair do problema que você criou é exclusivamente sua. Por isso, levante-se e caminhe; ou seja, logo depois de planejar o que fazer diante do problema, execute o que planejou.

CRIOU UM PROBLEMA PARA VOCÊ MESMO?
ENTÃO, CAIA EM SI, LEVANTE-SE E FAÇA
O QUE VOCÊ PRECISA FAZER.
O BANQUETE SÓ É ALCANÇADO POR
QUEM ESTIVER DISPOSTO A QUEBRAR O
ORGULHO E EXECUTAR O QUE PLANEJOU.

APLICAÇÃO

1. Quais problemas você já criou nos últimos tempos e sobre os quais precisa cair em si? Identifique o que o levou a criá-los.

_____

_____

_____

_____

_____

_____

2. Analise se você já esteve ou está iludido com alguém ou por algo. Que atitude você tomará para se levantar e resolver esse seu problema?

_____

_____

_____

_____

_____

_____

Pare de criar problemas

3. Você costuma andar sem o GPS chamado Sabedoria? Comente o que a ausência de Jesus ocasiona na vida.

_____

_____

_____

_____

_____

_____

_____

4. Comente quais são as semelhanças e diferenças entre você e o filho pródigo. O que você pode fazer hoje mesmo para evitar a desorientação de rota na sua vida?

_____

_____

_____

_____

_____

_____

_____

_____

CAPÍTULO 7

A SABEDORIA DO NÃO

"As insensatas disseram às prudentes: 'Deem-nos um pouco do seu óleo, pois as nossas candeias estão se apagando'. Elas responderam: 'Não, pois pode ser que não haja o suficiente para nós e para vocês. Vão comprar óleo para vocês'."

MATEUS 25.8,9

Um grande problema pode ser desencadeado por um simples e inocente "sim". Por trás de pequenas situações desconfortáveis e constrangedoras no dia a dia, até de verdadeiros desastres que podem marcar a nossa vida para sempre, está a inabilidade de dizer "não".

Afinal, como deixar de ajudar uma pessoa que está precisando? Como dizer não a uma pessoa que está à sua frente chorando e suplicando por ajuda?

No capítulo anterior, você aprendeu que a maioria dos problemas da sua vida é causada por você mesmo. Por mais que seja difícil aceitar essa realidade, a Sabedoria Milenar revela

— 187 —

que você pode mudar para sempre se aprender a dizer uma simples palavra.

Ao longo deste capítulo, você entenderá por que o hábito de criar problemas persiste; a boa notícia é que a forma de combatê-lo, apesar de aparentemente complicada, é simples e poderosamente eficaz.

Dizer NÃO talvez seja uma das atitudes mais difíceis que o ser humano possa experimentar. No capítulo 3, "As cinco moradas da sabedoria", apresentei a parábola das dez virgens, e o ensinamento contido nela é tão profundo que a retomarei neste capítulo.

Você se lembra de que as cinco virgens insensatas levaram a candeia, mas não pegaram o óleo extra quando saíram ao encontro do noivo? Isso é o que chamamos de fazer o serviço pela metade, e provavelmente você conheça alguma pessoa assim.

A pessoa começa algo, um projeto de vida, uma nova atividade profissional, uma resolução de fim de ano, mas não consegue terminar o que se propõe a fazer. Assim como aconteceu com as virgens insensatas, há pessoas que fazem só uma parte do trabalho. Se alguém lhes pede algo, logo se defendem dizendo que já fizeram o suficiente e entregam o trabalho incompleto. Por que são incapazes de ir até o final?

Se você prestar atenção, o Livro da Sabedoria Milenar revela que a maioria das bênçãos que nos aguardam está no final, mas muitas pessoas param no meio do caminho porque já se dão por satisfeitas

A sabedoria do não

ou porque já não aguentam mais. Essas pessoas logo param de seguir em frente nas mais diversas áreas da vida, desistindo de tudo: relacionamentos, vida financeira, espiritualidade, sonhos.

As pessoas se esquecem de um fato muito importante: fazer o trabalho pela metade exige o mesmo esforço que fazer o trabalho por inteiro. O esforço necessário para desempenhar uma atividade mais ou menos é o mesmo que você terá para realizar essa mesma tarefa com excelência.

Muitos não compreendem que, apesar de a tarefa realmente ser a mesma, o resultado é muito diferente quando se faz algo pela metade e quando se termina algo com excelência. É isso o que a parábola narrada no livro de Mateus, capítulo 25 nos mostra. Além disso, observe agora o que aconteceu entre as dez virgens que foi definitivo para revelar o poder da sabedoria do "não".

Você se recorda do que acontece quando as dez mulheres acordam com o anúncio da chegada do noivo? As insensatas recorrem às sábias; estas haviam se preparado para o que estava por vir e levaram a candeia e o óleo, ou seja, fizeram o serviço completo. É exatamente isso que um imprudente faz quando se vê em apuros. Ele sempre vai em busca de quem está preparado e é precavido. No dia da dificuldade, quem está levando a vida do jeito que sempre quis geralmente procura os que trabalharam no verão para ter o que gastar no inverno, como as formigas descritas no livro de Provérbios.

Contudo, apesar da aparente dureza da palavra, as virgens sábias responderam "não".

"[...] 'Não, pois pode ser que não haja o suficiente para nós e para vocês. Vão comprar óleo para vocês.' " (Mateus 25.9)

O que aconteceria se as sábias, ou prudentes, tivessem dito sim às insensatas? Se as sábias tivessem querido ser boazinhas, teriam ficado do lado de fora do banquete nupcial. Simples.

Às vezes, o "não" parece uma maldade no início, mas, biblicamente falando, é a garantia de estar nas bodas do Cordeiro depois; em outras palavras, é assegurar que a recompensa esperada estará à sua espera ao final da caminhada.

A FALTA DO "NÃO" PODE SER FATAL

Se eu falasse que dizer "não" é fácil, não estaria sendo honesto com você, pois, apesar da falsa noção de que não exige esforço dizer "não", essa é uma das tarefas mais difíceis que existe.

> O não protege você das futuras perdas.

A pessoa lhe pede uma carona, e você sabe que não pode dar, porque seria problema naquele momento, mas, mesmo assim, você diz que pode. "Ai, não consigo dizer não...". Perdemos filhos por não saber dizer não na infância, privando-os de chegar com um caráter formado na adolescência.

A pessoa lhe pede dinheiro emprestado, e você sabe que ela não vai devolver; você sabe que a pessoa falou que pagará na segunda-feira, mas ela não vai conseguir. Então, você pensa: "Mas não sei dizer não, e ela vai falar mal de mim". Preste atenção: essa pessoa vai falar mal de você de qualquer maneira. Se você sabe que ela vai falar mal de você se não emprestar, certamente falará mal se emprestar também, porque, ao não poder pagar em dia, você terá que bater à porta dela para cobrar. Porque uma pessoa que fala mal em uma situação fala mal em qualquer outra, você ajudando ou não, pois ela é assim, fala mal e pronto. É assim também com quem não fala mal dos outros. Não importa o que você faça contra esse tipo de pessoa, ela não abre a boca contra ninguém, porque esse é o jeito dela, faz parte do caráter dessa pessoa não falar mal de ninguém.

> **Perdemos filhos por não saber dizer não na infância, privando-os de chegar com um caráter formado na adolescência.**

Contudo, **há dias em que precisamos dizer não**. É curioso como tendemos a associar o ato de dizer não a algo puramente ruim e negativo, e o de dizer sim a algo bom e positivo. Neste momento, peço que você atente para isto: O NÃO que você tiver que dizer hoje poderá ser o SIM para o seu amanhã.

Para exemplificar melhor o que estou dizendo, acompanhe a história a seguir.

> **O NÃO que você tiver que dizer hoje poderá ser o SIM para o seu amanhã.**

Certa vez, uma senhora me parou para contar a história de como o filho tinha falecido em um acidente de carro.

Ele havia pedido permissão à mãe para sair em uma sexta-feira com os amigos da escola, mas ela dissera que não. Mesmo dizendo aos amigos que a mãe havia dito não, continuaram insistindo: "Mas, a gente tem que sair!".

Aliás, o rapaz até chegou a dizer à própria mãe que não queria ir, mas ficou com receio do que falariam dele na escola, na segunda-feira seguinte.

— Não importa o que vão falar de você. Você não vai! Você nem gosta dessas noitadas — disse a mãe, já aflita.

— Mas, mãe, eles estão me ligando muito!

Concluindo, o medo do julgamento foi mais forte, e ele não soube dizer não. Mesmo contrariando a mãe e sem vontade de ir, ele foi, porque não aprendeu a dizer não. Finalmente, ele e os amigos foram a uma festa, todos os quatro beberam, e, na volta, houve um acidente de carro. O único que morreu foi o que não soube dizer não. Os outros três, apesar de terem ficado machucados, sobreviveram.

Quando não sabemos dizer não para algo hoje, o nosso futuro pode se complicar amanhã. Se não aprendermos a dizer não para algo que está roubando a nossa paz hoje, por mais que seja constrangedor, talvez não haja outra oportunidade para um "sim" no futuro. Esse "não" pode ser fatal.

A FALTA DO "NÃO" PODE CUSTAR CARO

Chega um momento da nossa vida que precisamos aprender a dizer não, e quase sempre isso é um grande desafio que põe à prova as nossas emoções.

Uma vez fui dar uma palestra em uma empresa de colchões aqui do Brasil. Quando cheguei ao local, perguntei ao organizador:

— A que horas vou falar?

A resposta foi:

— Primeiramente, o nosso gerente de vendas, que dará uma palestra agora, e na sequência você entra.

Em seguida, agradeci e sentei para assistir à palestra, que começou com a exibição de uma série de fotos no telão e as seguintes palavras do gerente de vendas: *"É assim que vocês vão morrer"*.

Gente, o que é isso?!, pensei na hora, apertando os braços da cadeira. Aquele homem havia exibido imagens de pessoas com uma série de doenças como trombose, doenças na coluna, amputações, e prosseguiu dizendo que era isso o que acontecia quando dormimos no colchão errado. Naquele momento, comecei a sentir dores nas costas e a concordar que tudo aquilo era verdade. "Estão vendo esse daqui? Foi amputado por causa de má circulação. Esse outro está em cadeira de rodas porque teve problema na coluna por uso de um colchão errado."

Ao final da palestra do vendedor, eu estava disposto a não pegar o pagamento que receberia pela minha palestra e dar outro cheque adicional para poder comprar o colchão, que, na verdade, nunca resolveu nada na minha vida.

Por que isso aconteceu comigo? Porque somos suscetíveis a sugestões. No entanto, nem toda sugestão é boa para a sua vida, mas, como você não sabe dizer não, uma técnica de venda convence você a gastar aquilo que muitas vezes não tem.

Quando você não sabe dizer não, o constrangimento de alguém ao seu ouvido: "Ah, faça!", "Ah, fale!", "Ah, compre!" é suficiente para fazer você mudar o rumo da sua vida, comprando algo, falando algo ou fazendo algo que o levará a um destino pior.

Como mudar esse resultado? É possível romper esse ciclo de dizer sim a tudo e, no final das contas, acabar enveredando por uma rota de colisão com os problemas? A resposta, nesse caso, é sim! Veja a seguir alguns dos principais recursos que o ajudarão a dizer o tão necessário "não".

O "NÃO" DA ARGUMENTAÇÃO

De volta à parábola das dez virgens, apesar do constrangimento, as cinco sábias usaram uma técnica que sempre muda o jogo: a argumentação.

Elas conseguiram suplantar a emoção desfavorável do constrangimento utilizando o argumento de que, se elas dessem do óleo extra que haviam levado às insensatas, todas ficariam sem azeite suficiente. Observe que, com base nessa argumentação plausível, não houve contra-argumento das insensatas, pois contra fatos não há argumentos que persistam.

Essa técnica também evita o receio comum que todos podemos sentir: o constrangimento de dizer não sem nenhuma razão. O ato de dizer não precisa ser liberado da fama de vilão, pois é decisivo em muitas situações da vida.

Quando você recorre à Sabedoria em pessoa para discernir as situações, consegue enxergar com clareza o argumento certo para comunicar a quem ou a que você está dizendo não.

O "NÃO" CONTRA A ENERGIA NEGATIVA

Em muitas ocasiões, nas quais você é constrangido a ceder, tanto a pessoa que pede quanto a que cede saem perdendo, pois o relacionamento entre ambas as pessoas pode ser arruinado. Isso não vale apenas para a vida financeira. Vale também para a vida emocional e espiritual. Além disso, você não apenas fica sem o que cedeu, como também pode ter a sua energia drenada, pois há pessoas que são peritas em sugar a energia alheia.

> Aprenda a dizer não a ladrões de energia espiritual.

O PROBLEMA É SEU

Você já deve ter sentido aquela sensação de cansaço, dor de cabeça e desânimo ao estar perto de algumas pessoas. Provavelmente, essas pessoas estejam sugando a sua energia, e, acredite, já está cientificamente comprovado que isso ocorre com frequência. O ambiente que essa pessoa respira e no qual insere você, bem como a essência que essa pessoa carrega, vão sugando as suas forças. Então, por que dizer sim a isso?

> **Use o poder do "não" a seu favor e não permita que nada nem ninguém drene a sua energia.**

Talvez, em um primeiro momento, você não perceba que a pessoa que se aproxima de você para pedir algo esteja roubando as suas energias, mas logo começarão a surgir alguns sinais insistentes: falar muito, reclamações e uma facilidade para constranger você diante de situações desnecessárias, ou seja, atitudes que farão você sentir um grande incômodo.

Para facilitar o seu "não", distancie-se e argumente que você realmente não tem tempo; assim, a sua atitude poupará um gasto de energia desnecessário para ambos, ou seja, tanto para você quanto para a pessoa.

O "NÃO" CONTRA A QUEBRA DE PRINCÍPIOS

Muitas vezes, as pessoas não sabem dizer não a uma oportunidade que sabem que não dará certo. A isso chamo de "oportunidade que quebra um princípio".

Talvez você pergunte: "Tiago, como diferencio uma oportunidade boa de uma ruim?". Simples: **as oportunidades que quebram princípios nunca são boas para você.**

Quer um exemplo? O Livro da Sabedoria Milenar conta que Davi estava fugindo de Saul. Este, que era o rei, queria matar Davi.

Certa vez, Davi conseguiu entrar no acampamento de Saul, que estava dormindo com uma lança cravada no chão bem a seu lado. Abisai, um homem da segurança e confiança de Davi, chega naquele momento e diz: "O Senhor Deus entregou o seu inimigo nas suas mãos", para provocar uma atitude errada na vida de Davi.

— Pegue a lança e mate-o — disse Abisai, encarando Davi.

— Não sei não... — respondeu Davi, hesitante.

— Se você me der a ordem, eu pego a lança e mato-o em um único golpe — confabulou Abisai.

A oportunidade era clara, parecia muito boa e provavelmente acabaria com os problemas de Davi, pois poria um ponto final na humilhação que ele estava passando. "Chega de dormir em caverna agora! Era a hora de dormir no palácio", Davi poderia ter pensado. Ele poderia usar o nome de Deus também para declarar: "*É verdade! Chegou o dia da dupla honra. Em lugar da minha perseguição e da minha vergonha, Deus vai me dar dupla honra!*".

O PROBLEMA É SEU

No entanto, havia um problema que mudaria tudo. Caso Davi matasse Saul, a morte do rei quebraria um princípio, que é o de não matar. O Livro da Sabedoria Milenar diz que não se deve tocar no ungido do Senhor, e Saul preenchia essa condição naquela época.

Após uma breve reflexão, Davi faz uma pergunta a Abisai:

— Abisai, você sabe de alguém que tocou em um ungido do Senhor e foi inocentado?

— Não... — respondeu.

— Então, quem sou eu para tocar em Saul? Deixe-o como está! — Davi concluiu sabiamente.

Como essa história de Davi nos mostra, existem oportunidades às quais você precisa dizer não a fim de que os princípios que regem a vida sejam preservados.

Se, por exemplo, você tivesse uma ótima oportunidade para ganhar dinheiro agora, mas isso fizesse você quebrar um princípio, já sabe que a resposta seria "não".

Se houvesse uma ótima oportunidade para acelerar um processo que você espera há tempos, mas isso levasse você a quebrar um princípio, continue firme no "não".

Há negócios aparentemente tão irresistíveis que as pessoas vivem procurando uma desculpa para validar os seus próprios erros. Há coisas para as quais você não precisa pedir a opinião de ninguém, mas acaba perguntando porque deseja que alguém diga "sim" para você fazer o que não deve.

A sabedoria do não

Diante disso, pare alguns instantes e pense. Realmente vale a pena pôr tudo a perder, abrir mão dos seus princípios, para dizer "sim" em lugar do "não"? Eu adianto a resposta: não vale a pena.

Como disse, você não tem bola de cristal para saber se a dificuldade que está enfrentando hoje na realidade se trata de um livramento para você viver o futuro que tanto espera.

OS CRITÉRIOS DO "NÃO"

Quando você chega a ponto de buscar a validação dos seus erros em outras pessoas, significa que deixou de ser criterioso, abrindo mão do que é verdadeiramente importante, como, por exemplo, o ato de discernir o que de fato é melhor para você.

Se você está neste momento sugestionável e sem critérios, a ponto de não distinguir o que é oportunidade do que é problema, saiba que chegou a hora de decidir os seguintes fatores norteadores na sua vida:

- **Quem você está escutando?**
- **Para onde você quer ir?**
- **O que você está esperando dos próximos anos?**

As cinco virgens prudentes da parábola disseram não porque sabiam que tinham uma festa para ir com o noivo, ou seja,

— 199 —

O PROBLEMA É SEU

> **Tenha cuidado com o que e com quem você está escutando, saiba para onde está indo e o que espera para os próximos anos. Do contrário, você não terá forças para dizer "não".**

elas sabiam para onde estavam indo. O relato diz que elas estavam preparadas para entrar com o noivo no banquete de núpcias, o que certamente haviam esperado por anos.

Quando você sabe para onde está indo e tem noção da recompensa, isso o anima a dizer não àquilo que você não pode fazer, às propostas que não pertencem a você, às oportunidades que quebram princípios, a pessoas que querem entrar na sua vida para causar prejuízos, incluindo os emocionais.

Chega um momento em que precisamos aprender a dizer não, porque muitas famílias foram destruídas em razão de o marido ou a esposa não saberem dizer não a uma primeira conversa.

Muitas empresas foram destruídas porque o diretor-executivo não soube dizer não à primeira proposta financeira indecente.

Muitas pessoas estão pagando o preço hoje, buscando a religião para tentar corrigir o não que não souberam dizer no passado. Não se engane pensando que a maioria delas está em busca da espiritualidade porque ama a Deus. Não mesmo. Elas recorrem aos templos para tentar resolver um problema.

Deus para elas é um fator temporal. A pessoa talvez esteja precisando resolver um problema, como, por exemplo, a depressão, que o psicólogo até tentou, mas não conseguiu resolver. Por isso, ela corre para a igreja, porque Deus com certeza lhe dará forças para sair daquela situação. Entretanto, quando a depressão vai embora, essa pessoa não tem mais compromisso com Deus.

Poucas são as pessoas que recorrem à espiritualidade pelo amor, pelo real entendimento de quem é Deus e por reconhecer quem é ele na vida delas, sendo, então, verdadeiramente capazes de dizer não a tudo o que atrapalhar o relacionamento que possuem com a Sabedoria em pessoa. A grande maioria precisará avistar antes uma recompensa.

A RECOMPENSA DO "NÃO"

Será que é errado pensar na recompensa? A resposta é não. A parábola das dez virgens é um exemplo, e a história de Davi é outro. Aliás, quem conhece a outra célebre história de Davi em que ele luta contra o gigante Golias? Praticamente todo mundo. Você sabe qual foi a primeira pergunta que Davi fez quando viu o gigante afrontando o exército de Israel?

[...] "O que receberá o homem que matar esse filisteu e salvar a honra de Israel? [...]". (1Samuel 17.26)

O PROBLEMA É SEU

Somente depois que Davi soube da recompensa é que ele ficou bem espiritual mesmo e disse: "Quem é esse filisteu incircunciso para desafiar os exércitos do Deus vivo?". No entanto, esse entusiasmo todo se deu apenas depois, pois, em um primeiro momento, ele estava interessado em saber da recompensa. Quando soube que o rei lhe encheria de riquezas, daria sua filha para casar e isentaria a casa dos pais dele dos impostos de Israel, então ele viu que o negócio era bom demais.

A algo que milhares de soldados preparados não quiseram encarar, Davi se submeteu por causa da recompensa. Naturalmente, mirar a recompensa não é errado; trata-se apenas da forma humana que o Mestre encontrou para nos ajudar a dizer não.

A recompensa é a forma mais natural e palpável que ele encontrou de colocar um princípio no Livro da Sabedoria Milenar para nos abençoar, blindar, proteger e para dizer não. Pior do que perder uma oportunidade, o que já é muito ruim, é entrar em uma situação que não era para você.

Ao perder uma oportunidade ou recompensa, o máximo que vai acontecer é que você vai continuar no lugar onde está, pois apenas deixou de ganhar. No entanto, se entrar em uma oportunidade que não era para você, isso poderá levá-lo a perder dez ou até quinze anos da sua vida vivendo a vida de outra pessoa, e, quando finalmente despertar, todo esse tempo já terá passado.

A sabedoria do não

Portanto, dizer não no mundo de hoje é uma habilidade natural, emocional e espiritual que você precisa aprender a usar para prosseguir na sua própria caminhada e obter a recompensa que está reservada para você. Desse modo, você poderá encarar a estrada da vida ciente do propósito para o qual foi criado.

OS PERIGOS DA CONCESSÃO

Muitas pessoas já estão bastante acostumadas a fazer concessões. Aquele que se acha muito esperto sempre acredita que dá tempo: "*É rapidinho*"; "Eu vou, e vai dar tempo; ninguém nem vai perceber". Contudo, os problemas não tardarão a chegar; aliás, eles virão no momento em que menos esperamos; principalmente quando não há mais tempo para consertar nada.

Voltando à história das dez virgens, quando as insensatas saíram para comprar o óleo, o que foi mesmo que aconteceu? Exatamente, o noivo voltou. Essa parábola aponta para a vinda de Jesus, o Noivo. Enquanto elas saíram para dar um "jeitinho", a porta foi fechada. Elas clamaram para que o noivo abrisse, mas ele respondeu que não as conhecia.

As virgens insensatas acabaram fazendo uma concessão, ou seja, quando aceitaram correr o risco de ficar sem luz, fazendo o trabalho pela metade ao levar apenas a candeia. Essa atitude, entretanto, condenou-as a uma vida sem salvação. Por essa razão, a parábola termina dizendo que devemos vigiar, pois não sabemos o dia, tampouco a hora, em que o Filho do homem voltará.

Não temos a mínima ideia sobre se Jesus voltará hoje ou se morreremos amanhã; para quem anda ansioso por vê-lo, só há duas formas de se encontrar com ele: ou ele volta, ou a pessoa morre. No entanto, como geralmente ninguém quer morrer, ficamos na esperança de que ele volte, não é isso?

Não sabemos quando ele virá buscar a Igreja, nem quando partiremos deste mundo. É por isso que dizer não se trata não apenas de uma questão de ser bem-sucedido neste mundo, mas também de uma questão de salvação.

> O problema é que o conforto de dizer sim pode lhe causar uma ferida que não fecha depois. Então, é melhor você passar pelo desconforto de dizer não agora do que ficar todo arrebentado no futuro.

Dizer não consiste não só em viver bem no casamento, na vida financeira, emocional ou profissional, como também em prosperidade e abundância por dizer não a uma oportunidade que poderia levá-lo para o buraco.

Dizer não significa não apenas proteção emocional ao deixar de ficar chateado com uma porção de amigos, mas também evita que você fique ferido depois. Você pode até ficar incomodado na hora do não, mas não se ressentirá depois.

A sabedoria do não

Chega uma hora em que o "não" será necessário. Não só por causa da vida que podemos levar melhor aqui, mas da recompensa que nos espera. A porta da eternidade com Deus está aberta para quem tem a lamparina com o óleo necessário, ou seja, para quem está fazendo o serviço completo. Mas para quem faz o trabalho pela metade, por ser disperso, distraído, preguiçoso, ou seja o motivo que for, e principalmente por ter medo de dizer não, acabará perdendo a maior oportunidade da sua vida.

• • •

Dizer não garante o seu futuro, evita quebras financeiras, mantém a sua família de pé; além disso, quando você o diz na hora certa, escreve o seu nome no livro da vida e de lá você não sai mais.

Ao eliminar as concessões da sua vida, você se torna capaz de dar a resposta certa desde àquele vendedor que tenta empurrar um negócio do qual você nunca vai precisar até mesmo a algo que tem a ver com o futuro que você espera viver.

Um detalhe fundamental: como seres humanos, quando não aprendemos a dizer não nas pequenas circunstâncias, muito menos conseguiremos em situações mais complexas.

Veja na história a seguir como o que aparentava ser irrelevante mudou absolutamente tudo por causa de uma concessão.

— 205 —

O PROBLEMA É SEU

Lembro-me de um amigo muito próximo que passou por um problema grave no casamento por causa de um gesto simples. Ao sair de uma igreja, uma mulher, também membro da mesma comunidade, pediu-lhe uma carona. Mesmo diante do desconforto que o meu amigo sentiu, do constrangimento de se ver sozinho com ela e da falta de paz, ele acabou cedendo diante dos apelos da moça, também casada, que não queria pegar um táxi (naquela época, ainda não tinha Uber) por ser muito caro, nem se sentia segura para pegar um ônibus tão tarde da noite. Afinal, qual seria o problema? Era apenas uma carona para ajudar aquela mulher.

O fato é que, logo em seguida, correu na boca do povo que eles tinham saído sozinhos dentro de um carro. Pronto! Até provar para o marido dela e para a esposa dele que havia sido uma simples carona, houve uma divisão enorme na comunidade local. Que mal havia naquilo? Nenhum. Mas sabe aquele GPS que a Sabedoria em pessoa nos oferece, chamado Espírito Santo, que é o GPS da vida? Ele avisou ao meu amigo lá no íntimo que não era para ele fazer aquilo, por isso ele ficou incomodado, e sabia que algo estava errado. Só que o constrangimento foi mais forte do que a voz do GPS da vida.

Lembre-se de que ele não só sabe de todos os destinos, como já viu o futuro de cada pessoa; por isso, quando ele envia um sinal de alerta chamado "incômodo", você deve saber decifrar o sinal, porque ele já está vendo que isso vai resultar em muito problema.

Ele sinaliza para você: "Não faça!", porque conhece a situação a seu respeito (desde o ventre da sua mãe), a ponto de saber que será muito mais difícil pagar o preço da concessão depois.

Em resumo, o que aconteceu com o meu amigo, que aparentemente era algo simples e passageiro, provocou a confusão nos dois casamentos. Detalhe: ele nunca realmente se envolveu com outra mulher e nunca havia tido problemas desse tipo no casamento. Ambos nunca tiveram um caso. Mesmo assim, as duas famílias foram afetadas.

Entenda: existem coisas que você realmente nem fez, mas, ainda assim, é preciso "fugir da aparência do mal", conforme diz a Sabedoria Milenar. O Mestre já sabe que só a aparência pode derrubar você, não precisa nem ter o mal, senão ele teria dito: "Fuja do mal; a aparência não tem problema". Como, no entanto, a Sabedoria em pessoa possui todas as respostas e nos diz para fugir da aparência, até mesmo da forma do que parece mal ou indevido, ao menor sinal, fuja dali, porque isso poderá ter resultados inesperados, como se você tivesse de fato praticado o mal. Não espere ter que arcar com as consequências.

O "NÃO" DE HOJE GARANTE O "SIM" DE AMANHÃ

Espero verdadeiramente que você hoje se concentre no que a Sabedoria pede a você. Às vezes, pode ser algo simples como comprar algo que não pode, ou uma amizade que não acrescenta nada, mas na qual você insiste. Há amizades que acrescentam algo à sua vida e outras que não; amizades que o aproximam da Sabedoria em pessoa, e outras que o afastam dela.

O hábito de dizer não deve ser incorporado à sua vida, pois há um plano traçado para você aqui e na eternidade. Se você espera resolver os seus problemas e viver uma vida realmente diferente da que leva hoje, saiba que, ao final da caminhada com a Sabedoria em pessoa, o extraordinário estará reservado para você.

O "não" o leva mais longe que o "sim". O número de propostas para você sair do caminho certo é muito maior do que as propostas boas para você seguir adiante. Isso significa que você terá que dizer não muito mais do que sim.

Recentemente, um grande empresário me procurou.

— Tiago, nós vamos fazer um excelente negócio! — disse ele, todo animado, já contando cada detalhe do que tinha em mente.

— Você só vai ter que entrar com a sua imagem, e eu entro com muitos milhões e vou fazer exatamente desse jeito...

Por educação, esperei que ele terminasse de falar para então dar a minha resposta:

— Não.

— Mas por que não?! O negócio é ótimo!

— É ótimo, mas não é para mim.

A sabedoria do não

Enquanto ele me passava a proposta, pensei em tudo o que aquele "sim" poderia me causar; então, prossegui contando a ele o seguinte:

> **Não permita que nenhuma emoção negativa ou proposta do Inimigo seja mais forte do que o "não" que a Sabedoria em pessoa capacitou você a dizer.**

— Não posso, em primeiro lugar, porque isso vai me impedir de palestrar e ministrar por um tempo.

Além disso, aquela oportunidade acabaria sugando a minha energia emocional e tomando o meu tempo (que era o mais importante) para me dedicar integralmente àquele projeto.

— Realmente é maravilhoso, mas não posso.

De fato, não havia nada de errado naquele projeto, não afetaria os meus princípios e renderia muito financeiramente. Só havia um problema: esse projeto enfraqueceria a estrada que já estou percorrendo, pois não tinha nada a ver com o meu propósito de vida.

Deus não me havia indicado nada sobre aquele negócio, apesar de ser maravilhoso. Ele me havia chamado para ser o mensageiro das boas notícias. Portanto, aquele negócio me tiraria do meu caminho, por mais extraordinário que fosse.

É por isso que eu repito que estou onde estou hoje não pelos sins que dei, mas pelos nãos que tive coragem de pronunciar.

• • •

O PROBLEMA É SEU

Para finalizar este capítulo, entenda que:

- A Sabedoria nos mostra que, quando não sabemos dizer não, acarretamos problemas na nossa vida.
- Apesar da dificuldade e aparente dureza da palavra "não", dizê-la quando necessário não é um hábito negativo, mas bastante saudável.
- É preciso ter cuidado com as concessões, pois o "não" que você diz agora pode ser a porta de entrada para o seu "sim" de amanhã.

DIZER NÃO PODE SER UM DOS GESTOS
MAIS DIFÍCEIS PARA O SER HUMANO.
MAIS DIFÍCIL AINDA É VER A PORTA
SE FECHAR DIANTE DOS SEUS OLHOS
E PERDER PARA SEMPRE A OPORTUNIDADE
DE VIVER O QUE O FUTURO LHE RESERVA.

APLICAÇÃO

1. Você já chegou a dizer sim mesmo quando queria dizer não? O que isso acarretou? Comente.

_____

_____

_____

_____

_____

2. Quais são os sentimentos que o ato de dizer não causa em você? Analise se são mais fortes do que a recompensa; na sequência, identifique a quais recursos você pode recorrer para manter o "não".

_____

_____

_____

_____

_____

_____

_____

A sabedoria do não

3. Quais foram as últimas concessões que você fez que ocasionaram problemas? Comente.

CAPÍTULO 8

A VERDADEIRA PROSPERIDADE

A bênção do Senhor traz riqueza
e não inclui dor alguma.
Provérbios 10.22

Se fizéssemos uma pesquisa hoje com a maioria das pessoas para saber quais são os principais motivos dos seus problemas, muito provavelmente uma das primeiras respostas seria "dinheiro", ou melhor, a falta dele.

Estatisticamente, já está mais do que comprovado que a escassez de recursos financeiros e o endividamento em decorrência da falta de inteligência financeira são as principais causas de brigas e discussões entre os casais, estremecimento nos relacionamentos familiares e sociais, além do aumento do número de pessoas acometidas por ansiedade e depressão.

A vida dessas pessoas não é próspera; não se engane em achar que, quando me refiro à prosperidade, queira dizer boa saúde financeira. A prosperidade está em todos os aspectos da vida, e as

— 215 —

finanças são apenas um deles. Prosperidade é uma dádiva divina; por isso, neste capítulo, falaremos sobre como ter acesso a ela.

O ano de 2020 foi difícil de muitas formas e para muitas pessoas, e isso acabou afetando diretamente a vida financeira não só do brasileiro, mas do mundo todo. Muita gente se viu apertada financeiramente. No entanto, outros prosperaram; aliás, alguns empreendedores enriqueceram de forma inesperada.

> A prosperidade não consiste em ter dinheiro, mas em possuir tudo o que você precisa para cumprir o seu propósito terreno.

A maioria das pessoas, porém, passou por sufocos nessa área. Apesar de a riqueza em si não ter parado de crescer, ela se concentrou em lugares aos quais nem todos tiveram acesso. Por exemplo, quem estava presente no mundo digital em 2020 prosperou. E quanto a quem não estava nesse universo? Não entraram no jogo a tempo para ter acesso à riqueza que estava escondida ali.

Ao falarmos em prosperidade, entretanto, é preciso entender que, mesmo que ela não tenha nada a ver com o dinheiro, este é um dos elementos que a respaldam. Por exemplo, Jesus era próspero e não acumulou nenhuma riqueza material. Contudo, se ele precisasse de algo imediatamente, nem que um peixe tivesse que colocar uma moeda para fora, o dinheiro apareceria (Mateus 17.27).

Então, o que é ter prosperidade?

A verdadeira prosperidade

SER PRÓSPERO É TRANSBORDAR

Na semana em que escrevia este capítulo, estive muito envolvido nas redes sociais ensinando sobre prosperidade. Primeiro porque esse assunto, em especial quando associado ao tema financeiro, machucou muitas pessoas no passado e eu queria de alguma forma ajudar no processo de cura. Embora precisemos do dinheiro, pois sem ele não pagamos as nossas contas, muitos de nós ficamos ressentidos porque houve abuso de princípios bíblicos nesse sentido. Entenda, porém, que não é pelo fato de terem abusado de um princípio que ele deixou de ser verdade. O livro de Provérbios diz: "A bênção do SENHOR traz riqueza e não inclui dor alguma" (10.22).

Isso significa que qualquer pessoa que esteja enriquecendo tem uma bênção sobre a sua vida. Talvez você me pergunte: "Então, quer dizer que quem não está enriquecendo não está sendo abençoado?". Fique tranquilo, porque não se trata disso. Mostrarei a você mais adiante que há vários tipos de bênçãos, entre as quais uma com o poder de destravar, de uma vez por todas, a sua vida financeira segundo a Sabedoria Milenar.

Para esclarecer ainda mais o verdadeiro sentido de prosperidade na vida, no livro de Salmos está escrito: "[...] se as suas riquezas aumentam, não ponham nelas o coração" (62.10). O que isso quer dizer? Significa que o Mestre não chama ninguém

O PROBLEMA É SEU

para ser rico, muito menos para ser pobre. Ele nos chama para a salvação eterna, onde deixarão de existir quaisquer tipos de problemas. A verdadeira e definitiva solução dos seus problemas é a eternidade.

Portanto, observe que, se o seu trabalho, aquilo que você faz como meio de vida, o seu empreendimento, prospera, não há nada de errado nisso, mas a Sabedoria em pessoa o alerta para que você não ponha o seu coração nisso, ou seja, não deixe se levar pelo apego ao dinheiro, porque essa atitude não o levará a lugar nenhum.

Você também pode me perguntar se eu sou a favor das riquezas, e eu direi: não sou a favor do acúmulo de riquezas. Considero isso um terrível desperdício. No entanto, sou a favor de ser como o Bill Gates, ou seja, o homem mais rico do mundo. Como assim?

> **Quem se torna sábio como o próprio Mestre, ao pensar e agir como ele, é próspero para transbordar.**

É só você observar como ele atua com a prosperidade. Toda vez que atinge 70 bilhões de dólares em sua conta corrente, ele o distribui mundialmente. Você sabe como? Combatendo a malária na Ásia, construindo escolas na África, investindo na educação do Sudão. É por isso que sou exatamente a favor de ser como ele; trata-se de seguir esse estilo de vida, no qual você ganha muito mais caso não se apegue a nada. **Transbordar é o segredo.**

— 218 —

A verdadeira prosperidade

Um dos primeiros ensinamentos contidos no Livro da Sabedoria Milenar é que não levaremos nada deste mundo. Além disso, **quando a pessoa que tem a Sabedoria começa a prosperar, ela não apenas passa a crescer, como também a "transbordar" na vida de outras pessoas**. No entanto, quem decide não caminhar com o GPS da vida e resolve se apegar ao acúmulo de bens materiais fatalmente se lançará em um mar de problemas que resultarão em sua condenação. Estou certo de que você já ouviu falar de exemplos como esses, em especial entre famosos milionários na história recente. Depressão é apenas um dos problemas.

> Deus não chama ninguém para ganhar dinheiro. Ele chama você para prosperar com um propósito.

Já imaginou poder transbordar o melhor que há em você para ajudar outras pessoas? Hoje eu posso gerar empregos, porque sou próspero e já passei a transbordar na vida de outras pessoas. A minha equipe e eu podemos alimentar centenas de famílias por semana em comunidades carentes, porque transbordamos na vida de pessoas. Construímos uma escola na África e também estamos começando a construir outra no nordeste do Brasil.

Observe que não se trata de acumular riquezas, mas de gerar frutos. Isso é prosperar.

Deus não chama ninguém para ganhar dinheiro. Ele chama você para prosperar com um propósito. É fundamental você

O PROBLEMA É SEU

compreender o significado desta instrução: se você quer ganhar dinheiro, não o encontrará nos templos, pedindo ajuda divina com essa finalidade. Em primeiro lugar, você deve buscar a Sabedoria em pessoa e a sua justiça, seguindo os ensinamentos que ela deixou, alguns dos quais tenho mostrado a você neste livro, para que as demais coisas lhe sejam acrescentadas, conforme consta em Mateus 6.33.

Portanto, se você não quer ganhar dinheiro apenas por ganhar e, em seguida, se ver escravo de uma condição que não o alimentará nunca (por mais que tenha tudo o que o dinheiro possa comprar), a resposta está em prosperar mediante os princípios ensinados pela Sabedoria em pessoa, Jesus.

AS QUATRO BÊNÇÃOS DO ACESSO

Há pouco mencionei que existem vários tipos de bênçãos, e a prosperidade está em todos eles. Existem várias bênçãos específicas na Bíblia; vejamos alguns exemplos. Provérbios 19.14 diz que a esposa prudente vem do SENHOR; portanto, o homem que tiver uma mulher sábia a seu lado possui uma grande bênção, pois terá um bom casamento. Existe a bênção da fertilidade, pois Deus abre o ventre da mulher, mesmo da estéril, e a faz ser mãe.

No entanto, há uma bênção que é difícil de decodificar, porque não leva esse nome. Você precisará interpretá-la, mas essa

A verdadeira prosperidade

bênção consiste no primeiro degrau para qualquer nível de prosperidade. Ela é chamada de "a bênção do acesso". Daqui em diante, você perceberá que tudo na vida começa com um acesso.

Ao longo deste livro, você aprendeu que a Sabedoria em pessoa concede a você caminhos e endereços de onde encontrá-la, além de fornecer as principais lições de como conquistá-la e mantê-la na vida. No entanto, como é infalível, Jesus lança mais um recurso para que você resolva não apenas os seus problemas financeiros, mas também ponha definitivamente em ordem toda a sua vida. Esse novo recurso são as quatro bênçãos de acesso:

1º acesso: **Lugares ou ambientes**

2º acesso: **Pessoas**

3º acesso: **Conselhos**

4º acesso: **Oportunidades**

1º acesso: Lugares ou ambientes

O Senhor sempre tenta abrir portas de acesso ao ser humano, pois é por meio da conexão com outras pessoas que nós aprendemos. Onde estão as pessoas, senão nos mais variados **ambientes**?

Muitas vezes, parei em lugares nos quais nem sabia ao certo como havia chegado, como a conferência em que recebi a mensagem que liberou a minha vida de escritor. Uma pessoa naquele lugar me revelou que eu seria escritor e que os meus livros

O PROBLEMA É SEU

estariam nos aeroportos do Brasil, era um evento do qual, dois dias antes, eu nem sabia que iria participar.

Uma pessoa próxima me convidou: "Eu pago a sua passagem. Vamos lá!". Dois dias depois, abriu-se um acesso para mim. E se eu tivesse ficado com medo? Veja o que poderia ter acontecido: "Ah, não, mas é em outro país; eu estou sem grana e, depois, vou ter que pagar isso a você em 5 vezes, 10 vezes. E outra: vou ter que ver o meu passaporte...". Se eu tivesse deixado o medo me paralisar, certamente teria perdido uma das maiores oportunidades de transbordar na minha vida.

Quantas desculpas você já deu para não acessar a porta que Deus está abrindo para você e que mudará o seu destino para sempre?

Alguns ambientes destinam-se a que escutemos o que precisamos fazer. Sempre acreditei que, se o Mestre me deixou escutar, é porque ele está ensinando algo importante, e isso é um lema que guia a minha vida.

Tenho aqui bem fresco na minha memória outro ambiente para o qual tive acesso por volta de dezessete anos atrás. Houve uma conferência de três dias na igreja que eu frequentava, e decidi me voluntariar para ser garçom na sala em que os pastores eram servidos. Eu queria entender sobre o que os pastores de outros países conversavam. Dois pastores e um empresário da igreja, que estava patrocinando o evento, conversavam, e um dos pastores disse: "... porque a bênção de Deus está nisso, nisso e nisso". Na hora, com a bandeja a tiracolo, peguei um guardanapo e comecei a anotar: "A bênção de Deus está nisso, nisso e nisso...". Em seguida, o empresário disse: "É, isso é prova na minha vida, porque na minha vida aconteceu assim, assim e assim...". Imediatamente comecei a escrever em um pedaço de papel todas aquelas palavras. Eu saí dali com aqueles ensinamentos como lei; levei a sério tudo o que escutara, e tudo que não era para eu fazer o GPS Espírito Santo me sinalizava. Não existe crescimento profissional, financeiro, familiar, ministerial, nenhum tipo de crescimento, sem esse GPS. Portanto, o básico você já sabe: se não o consultar, você não saberá nem sequer o que deverá fazer amanhã, muito menos se subirá outro degrau.

Chegou o momento de levar a sério os ambientes que acessamos, porque, se você escutar algo, mas não der importância e não guardar a orientação, talvez esteja deixando de lado exatamente o conselho de Deus para você, o acesso que mudaria a sua história financeira.

2º acesso: Pessoas

O segundo acesso é um dos principais pilares para a transformação de vidas, pois, como dissemos há pouco, é por meio da **conexão entre pessoas** que aprendemos, além de obtermos oportunidades que mudam destinos.

Lembro-me de um dia quando, antes da Conferência Destino, faltavam recursos para trazer um dos preletores internacionais. "Meu Deus, o que vou fazer? Preciso pagar a dívida hoje e não tenho esse dinheiro", pensei. Em seguida, peguei a minha lista de contatos e comecei a deslizá-la na tela do celular. Parei o dedo no telefone de um homem bilionário, capa da revista *Forbes*, muito conhecido. Liguei para ele e disse:

— Oi, tudo bem?

— Tudo bem, e você?

— Eu tenho uma oportunidade para você — prossegui, confiante.

— Para mim? — respondeu ele, intrigado.

— É. Você vai ser patrocinador de uma das maiores conferências de impacto espiritual do Brasil — anunciei.

— É mesmo? — perguntou ele, surpreso.

— É. Eu vi que você gosta de pôr a sua marca em grandes eventos. Nos jogos de futebol, em grandes torneios... — e continuei destacando os principais patrocínios que ele já havia realizado.

— É..., mas não patrocinei nada parecido com o seu evento — disse ele, não muito convencido até então.

— Aí é que está! Vou lhe explicar depois do patrocínio qual é o segredo dessa oportunidade.

A verdadeira prosperidade

Nunca cheguei a explicar, mas o fato é que um dia antes uma das maiores escolas de idiomas do Brasil tornou-se patrocinadora da conferência, e cobrimos os custos que faltavam. Sabe qual é o nome disso? A bênção do acesso a pessoas. Eu tinha o contato daquele homem, e olha aí a oportunidade.

Observe que, além de ter recebido esse acesso, eu o honrei de duas maneiras, conseguindo mantê-lo aberto. Primeiro, eu não pedi a ele dinheiro, mas, em vez disso, ofereci-lhe uma oportunidade, e essa é a mentalidade próspera. O meu futuro depende das sementes que eu planto, não dos meus pedidos. Segundo, não fiquei com dívida alguma; pelo contrário. Porque, além de não ter ligado implorando por dinheiro, o que seria uma atitude de escassez mental, eu mostrei a ele a grande vantagem que ele poderia obter ao aceitar ingressar em uma nova experiência. Adivinha o que aconteceu? As vendas dele aumentaram muito! E isso somente aconteceu porque conseguimos transbordar.

3º acesso: Conselhos

O terceiro tipo nos mostra que os acessos que a Sabedoria nos concede são capazes de multiplicar tudo na nossa vida, até mesmo a conta bancária.

Hoje tenho rendimentos financeiros por causa de investimentos, mas você sabe como é que eu sei onde investir? Por causa dos meus conselhos. Na minha lista de contatos, há grandes investidores,

O PROBLEMA É SEU

homens que prosperaram financeiramente. Então, procuro manter o canal aberto com eles, nunca pedindo empréstimos, mas **conselhos**. "Onde posso investir o pouco que eu tenho?"

Além de eu não fechar o acesso, ainda ganho respeito pedindo um conselho, pois, com essa atitude, demonstro reconhecimento e valorização pelo conhecimento dessas pessoas.

Similar ao GPS, os conselhos nos orientam quanto aos nossos próximos passos, pois, afinal, não caminhamos sozinhos, e a prosperidade depende de aprendermos o que ainda não sabemos com quem já alcançou o nível seguinte.

4º acesso: Oportunidades

Chegamos ao quarto e último acesso que recebemos generosamente da Sabedoria em pessoa, e você perceberá que ele está presente em cada um dos outros três:

- Ter acesso a novos lugares ou ambientes em que você vive experiências transformadoras é uma oportunidade.
- Ter acesso a pessoas que serão capazes de mudar os seus resultados e o seu destino é uma oportunidade.
- Ter acesso a conselhos de mentores que são capazes de orientar você no que fazer para prosperar nas mais diversas áreas é uma oportunidade.

A *oportunidade* está em tudo, e, ao receber esse acesso e cuidar para mantê-lo, a prosperidade sempre estará com você.

A verdadeira prosperidade

COMO FUNCIONAM OS ACESSOS

A origem de toda história está nos acessos, e cada momento da vida é permeado e determinado por eles. Veja a seguir alguns exemplos que constam no Livro da Sabedoria Milenar; figuras que provam como a bênção do acesso é capaz de destravar a vida das pessoas.

Para que José governasse o Egito e usasse toda a sua sabedoria de modo que pudesse alimentar uma geração inteira, Deus teve que dar a ele acesso à sala do faraó.

Maria Madalena também recebeu o acesso, e com ele foi direto ao Mestre, arrependeu-se de seus pecados, abandonou essa vida e nunca mais voltou a incorrer nos mesmos erros.

Moisés foi mais um exemplo, pois Deus deu a ele acesso ao palácio do faraó, e não foi só uma vez. Ele tinha livre acesso.

Os acessos divinos costumam ser iguais a *bilhetes de evento*, que, apresentados na entrada do local, geralmente são carimbados ou perfurados para sinalizar que já foram utilizados. Por essa razão, é preciso se esforçar para conquistar esse bilhete e não o perder ou desperdiçar. Com o objetivo de garantir o seu acesso às oportunidades, a Sabedoria ainda lhe concede algumas vantagens!

A grande vantagem do acesso

Como não poderia deixar de ser, em se tratando de prosperidade financeira, falarei um pouco sobre crédito. Quando a

O PROBLEMA É SEU

pessoa se vê em um problema financeiro, e começa a ficar comprometida na praça, geralmente o nome dessa pessoa passa a sofrer restrições.

A vida dela é totalmente investigada; passado e presente são consultados.

No entanto, diferentemente da restrição de crédito que acontece hoje em dia com pessoas em situação de débito pendente, o estado da nossa personagem José não o impediu de receber o acesso necessário. As Escrituras Sagradas provam que Deus não consultou o estado de José para dar acesso a ele, pois naquela época era um presidiário. Veja que vantagem!

Deus não consulta o seu passado para dar acesso a você. Assim como ele olhou para Maria Madalena, cheia de pecados, e lhe deu acesso direto ao Rei dos reis e Senhor do senhores, ou seja, a Jesus, ele também não consulta o seu presente nem o seu passado. Ele concede acesso indistintamente para todas as pessoas.

Instruções de uso do acesso

Quando você é abençoado com algum acesso, isso não significa que automaticamente esteja prosperando, pois, antes de prosperar, lhe são concedidos níveis de bênção. O que seria isso? A bênção do acesso, apesar de ser concedida indistintamente a todos, só é alcançada quando as instruções da Sabedoria Milenar são seguidas. Portanto, você terá que prosseguir honrando a Sabedoria

— 228 —

A verdadeira prosperidade

em pessoa, bem como as pessoas (está lembrado da 5ª lição de amor da Sabedoria, conforme descrita no capítulo 4?), para enfim alcançar a prosperidade.

Além disso, quando você receber acesso a algo, você precisará surpreender ao usá-lo; do contrário, a chance de nunca mais voltar a ele é grande. José, por exemplo, entra na sala do faraó e surpreende-o não apenas ao resolver o problema dele, mas também ao propor a estratégia de como executar o plano de resolução.

Como você pode surpreender? Por meio do seu comportamento, principalmente porque nem sempre você terá a chance de escolha. Alguns acessos serão forçados, de forma semelhante ao que acontece com os problemas que são enviados, ou permitidos, por Deus para mudar a sua forma e o seu valor, conforme vimos no capítulo 5 deste livro.

Observe o exemplo de Moisés. Ele não escolheu deixar a casa dos pais e ser cuidado pela filha do faraó por causa de um decreto que ordenava matar todos os meninos judeus recém-nascidos. Por causa de um decreto de morte, Moisés recebe acesso ao palácio, lugar de onde justamente saiu o decreto!

Preste atenção: você também pode estar debaixo de um decreto, e, ainda assim, Deus lhe dará acesso a algo específico. Moisés teve acesso ao palácio, e não foi uma única vez; ele teve acesso durante toda a vida a esse lugar e soube se comportar de tal modo que conseguiu surpreender; todas as vezes, mesmo na fase adulta,

O PROBLEMA É SEU

quando Deus o enviava de volta àquele lugar para dar um recado ao faraó, ele entrava, falava diretamente com ele, sem intermediários, e depois retornava. Ele ainda faria isso outras vezes, pois tinha acesso de novo e de novo, e a porta nunca se fechava para ele; ele continuava enfrentando o faraó. Os múltiplos acessos de Moisés tinham como causa saber como se comportar!

Como não perder o acesso

Muitas pessoas já receberam bilhetes de acessos divinos, mas os utilizaram de forma errada. Enquanto há pessoas que possuem múltiplos acessos, existem outras que estão com as portas fechadas. O acesso é uma bênção divina para o ser humano começar a prosperar; no entanto, o problema pode estar no fato de que diariamente a pessoa pisa nos acessos divinos que recebe. Para entender essa situação, acompanhe a história a seguir.

Recentemente, publiquei um vídeo na internet em que entrevistava um dos homens mais bem-sucedidos do país. Aos 30 anos de idade, ele já possuía muitos milhões de reais investidos na bolsa de valores, e sua empresa já valia mais de 1 bilhão de reais. Extremamente bem conectado e muito educado, ele alcançou milhões de seguidores, tornando sua página no Instagram no maior canal de finanças do mundo. Enquanto eu o entrevistava, peguei uma parte da nossa conversa e postei no Instagram:

— Se o dinheiro não compra amor, felicidade nem salvação, para que serve o dinheiro? — perguntei a ele.

— Olha, o dinheiro serve para comprar tempo, liberdade e sementes — ele respondeu.

Esse breve trecho da entrevista foi o que bastou para incitar alguns dos *haters* que haviam entrado na transmissão ao vivo. Um deles começou a atacar:

"Ah, o dinheiro compra tempo? Então, me dá 4 horas aí! Me vende aí 28 horas! Eu quero 28 horas no meu dia!".

"Você não sabe o que está falando, rapaz! Vai estudar!", vociferou outro *hater* na sequência.

Diante desses ataques, parei para analisar aquela situação. Geralmente, não dedico tempo a isso, mas, naquele momento, resolvi buscar entender o que estava acontecendo; então, fui ao perfil de cada pessoa que ofendia o meu entrevistado. Ambos eram garotos que aparentavam ter entre 17 e 19 anos de idade. Posso estar equivocado, mas as feições denotavam certo fracasso. As contas sinalizavam 8 e 18 seguidores respectivamente; mesmo diante dessas condições, com apenas um pouco mais de uma dúzia de seguidores, com a cara da derrota e jovens de tudo, eles conseguiram a bênção do acesso. Tanto eu como o milionário havíamos enxergado esses garotos. Eles conseguiram chegar a nós, mas nos acessaram para atacar.

Era evidente que os *haters* não haviam entendido o conceito de comprar o tempo, e talvez essa possa ser uma dúvida também para você; por isso, antes de prosseguir narrando esta história, vou dar um exemplo do que significa comprar tempo.

— 231 —

O PROBLEMA É SEU

Se, por exemplo, estou escrevendo este livro agora e dedicando períodos inteiros exclusivamente para esta atividade, e a minha esposa também se dedica às atividades profissionais dela, significa que hoje em dia conseguimos pagar os custos de uma babá para olhar os nossos quatro filhos. Do contrário, eu teria que dividir o trabalho de cuidar das crianças com a minha esposa. Então, para eu estar aqui neste momento, sentado e escrevendo tranquilamente, precisei ganhar estas horas livres, o que somente foi possível porque me tornei próspero o suficiente para comprar cada hora a mais que o meu dia necessitaria ter para realizar todas as atividades importantes da minha vida. Outro exemplo: amanhã tenho uma porção de boletos para pagar no banco. Quem é que não tem um boleto na vida para pagar, não é mesmo? Mas adivinha? Eu não vou mais ao banco! Vou ganhar outras 2 horas amanhã porque tenho como pagar uma pessoa para fazer essa atividade para mim.

Logo, o meu dia, que é exatamente igual ao seu em termos de duração, com as mesmas 24 horas, passa a ter, sim, cerca de 25 horas, ou 28 horas ou até 30 horas, porque a prosperidade financeira me possibilita delegar tarefas que antes eu só poderia fazer sozinho e teria que me limitar fazendo uma coisa ou outra em razão do tempo; agora, porém, essas atividades podem ser feitas simultaneamente a outras. Somando as horas de execução de cada uma, o meu dia pode enfim ter muito mais tempo, percebe? Isso é comprar tempo.

— 232 —

A verdadeira prosperidade

Seria ignorância dizer que, além das 24 horas diárias que temos, com dinheiro podemos fazer as horas do relógio literalmente aumentarem. É óbvio que não, pois não podemos acrescentar um minuto sequer à nossa vida. Mas, como você acabou de ver, o tempo do relógio pode ser diferente do conceito de comprar tempo.

Voltando ao episódio dos *haters*, vamos supor que a pessoa que entrou ali não tivesse entendido isso, o que é bem provável no caso deles. A fim de não pisar no acesso deles e desperdiçar a oportunidade, essa pessoa precisaria ter honrado a bênção que recebeu e, por exemplo, dizer: "Não entendi. Pode, por favor, me explicar como eu posso comprar tempo? Pois eu só tenho 17 anos e ainda não ganhei 1 real na vida, mas você já é multimilionário e construiu uma empresa bilionária".

A bênção do acesso que aquele jovem *hater* recebera o deixou diante de uma pessoa que está indo longe, que conquistou milhões de seguidores e mais de 1 milhão de cópias vendidas de seu livro. Contudo, em vez de pedir com humildade ao milionário uma explicação de como é que se compra tempo, esse garoto decidiu proferir xingamentos: "Seu burro! Não existe comprar tempo!". Esse é um exemplo de como a pessoa acaba desperdiçando e perdendo acessos.

• • •

O PROBLEMA É SEU

Foram muitas as vezes em que tive acesso a pessoas das quais não gostava. As três lições que recentemente impulsionaram a minha vida financeira, no entanto, aprendi com essas pessoas. Elas não tinham mau-caráter; eu só não gostava do jeito delas; afinal, não somos obrigados a gostar de todo mundo. O fato é que o jeito delas não me agradava, a forma com que expunham as coisas, nem algumas ostentações. Contudo, resolvi engolir as minhas preferências para aprender algo novo com quem está dando certo. Eu não vou fechar a porta do acesso só porque não gosto do jeito da pessoa.

Há pessoas, porém, que insistem em pisar: "Ah, eu não gostei dele não...". Então, continue aí mesmo onde você está, sem avançar um passo a mais na vida. **A Sabedoria em pessoa abriu um acesso para você aprender algo a mais, no entanto você prefere continuar** com os seus terrores emocionais, como, por exemplo, o prejulgamento, a comparação, a insegurança, além dos seus achismos, **fechando os ouvidos para escutar**. Lembre-se do que mencionei no início deste livro: aquilo que você recebeu em dobro, como as orelhas, é para usar mais, e o que recebeu em uma unidade, como a boca, é exatamente para usar menos.

Certa vez, fui parado por um homem que me disse o seguinte:

— Tiago, desculpe, mas eu não gostava de você.

— Sério?! — eu disse, imediatamente surpreso com aquela declaração.

— 234 —

A verdadeira prosperidade

"Como assim? Isso é praticamente impossível!" Rindo nervoso, continuei escutando-o:

— Eu não gostava de você, mas, graças a Deus, eu me forcei um dia para ver um vídeo seu e hoje estou em outro nível!

— Que bênção! — respondi, aliviado. — Mas por que você não gostava de mim? — não resisti em perguntar.

Para resumir o que aconteceu, aquele homem contou uma história, concluindo:

— Não sei, acho que era o jeito de você falar.

Há algum mal no jeito com que eu falo? Não, mas a pessoa não gosta, e não tem problema não gostar; ele estava certo, pois cada um gosta do que quer. Tem gente que não gosta do meu tom de voz, tem gente que não gosta dos meus olhos azuis (ok, são castanhos mesmo).

Contudo, a ignorância não está em você gostar ou deixar de gostar de mim. Consiste em deixar de ouvir quem pode instruir você simplesmente porque você não gosta dessa pessoa. Portanto, aprenda a combater esse inimigo da sabedoria que revela sua face na ignorância, no preconceito e no orgulho. Lembre-se de que, ao escolher observar, abrir-se para novas experiências, aceitar ser mentoreado e se manter no caminho da oração, ou seja, as quatro portas de entrada aos

> **Aprenda a combater esse inimigo da sabedoria que revela sua face na ignorância, no preconceito e no orgulho.**

O PROBLEMA É SEU

endereços da Sabedoria em pessoa, você não só alcançará a bênção do acesso, como também evitará o problema fatal de pisar nele.

Os desafios do acesso

A bênção do acesso muitas vezes pode ser desafiadora, sendo muito mais fácil desistir diante das dificuldades que podem surgir no meio do caminho para alcançá-la. Observe o que já aconteceu comigo para entender melhor isso.

Anos atrás, cheguei a pegar várias vezes um avião para me conectar com uma pessoa que poderia mudar o meu destino, mas, para a minha frustração naquela época, essa pessoa, que residia em outro país, me ignorou muitas vezes por meio de suas atitudes.

Acontece que a pessoa aceitava marcar uma reunião comigo: "Claro, pode vir, sim, que eu te atendo". No entanto, quando eu chegava lá, simplesmente não me atendia. A cena era esta: eu corria, pegava um avião, parcelava muitas vezes a passagem, pagava hospedagem, traslado, o ingresso do evento, assistia até o final à apresentação dele, e, quando finalmente o congresso terminava, ele me olhava, me cumprimentava de longe e saía para jantar com os amigos. Ao ser deixado de escanteio, eu pensava: "Meu Deus, essa pessoa não tem consideração. Paguei a passagem aérea, paguei o evento, estou aqui, ele falou que me daria conselhos, que iria me ajudar!".

A verdadeira prosperidade

Essa indignação alimentava a minha raiva; ela me fazia ter vontade de deixar de segui-lo nas redes sociais, de falar: "Esse aí não é homem de Deus, não!".

Felizmente, não fiz nada disso. Preferi engolir o meu orgulho para ter a chance de continuar com o acesso aberto. Hoje, além de ser meu amigo, a nossa relação é de mentor e mentoreado, mas isso não se deve somente ao fato de eu não ter fechado o acesso, pois eu poderia ter posto tudo a perder ao ficar com raivinha: "Ah, não vai me atender, né?! Quem é você, rapaz?!". É exatamente assim que fechamos portas na vida, na base do "não gosto", do achismo emocional e do "você não sabe nada, rapaz, vai ensinar outro". Perdemos oportunidades importantes quando cultivamos raiva de quem está prosperando, em vez de nos espelhar nessa pessoa.

Qualquer pessoa pode estar suscetível a essas **armadilhas emocionais**. Um dia desses, comecei a ver o perfil de uma pessoa nas redes sociais, e acabei me incomodando com o que ela estava fazendo. Comecei a sentir certo desdém pela pessoa e falei comigo mesmo: "Não tem sentido o que ele estava fazendo! Ele quer 'atirar para todos os lados'...". Foi então que eu comecei a me questionar: "Espere um pouco, qual *é o* problema de ele atirar para todos os lados? Será que não é inveja minha? Será que eu não queria fazer isso também e ele apenas fez primeiro?". Ingressei nesse processo de **autoanálise** e descobri que a culpa pelo que eu estava sentindo não era dele. Na realidade, ele está ajudando as pessoas, assim como está ajudando a mim mesmo com o trabalho que ele realiza. Eu apenas não gostava daquilo. Então, decidi não dar vazão a essa emoção, eliminei os meus achismos e engoli a pontinha de inveja que aparecera ali, porque finalmente entendi que ele estava sendo muito bem-sucedido. Assim, em vez de ficar com raiva da prosperidade dele, resolvi aprender com ele para alcançar resultados semelhantes.

No entanto, muitas pessoas fecham as oportunidades por causa dos buracos que elas possuem na alma, os chamados **buracos emocionais**. Fragilidades que se evidenciam por sentimentos como ciúme, inveja, cobiça, além do anseio de ser aceito e do medo de ser rejeitado. O lado negativo do nosso cérebro luta para nos enviar impulsos de raiva e frustração. Por isso, há pessoas que pisam todos os dias em acessos e oportunidades, simplesmente por não saberem se comportar diante deles. Não são capazes de reconhecer que esses acessos são a maior bênção que Deus concede ao homem para começar uma vida de prosperidade de verdade.

Uma questão de escolha

Deus quer dar a você acesso a pessoas, a ambientes, a oportunidades e a conselhos, mas você decide se fica no acesso ou não. Ele só abre o acesso. Você fecha ou permanece no acesso, percebe?

A verdadeira prosperidade

Você pode decidir continuar sendo *hater*, aquela pessoa que só critica todo mundo: "Ah, você está pensando que é quem?!"; "E esse aí se achando postando isso?". Mas, na realidade, essa reação mostra que você se sente incomodado com o fato de que queria, de alguma forma, estar no lugar daquela pessoa.

Você precisa decidir se estará do lado do crítico ou do lado de quem prospera. Eu nunca vi o crítico prosperar, pois são dois lados totalmente opostos. Decida se quer estar do lado de quem odeia todo mundo e a prosperidade de todos ou do lado dos que estão aprendendo um método. Este é um aprendizado com a Sabedoria em pessoa para você prosperar também financeiramente, que, como expliquei no início deste capítulo, é só uma parcela do que significa prosperar em sentido amplo.

• • •

O acesso é uma coisa tão importante e tão gloriosa para Deus que ele enviou o seu único Filho para que você hoje tivesse acesso ao Pai. ACESSO. Grave essa palavra. É uma bênção que Deus dá e que muda o seu destino.

Ele olhou para José e deu-lhe acesso à sala do faraó. Preste atenção: Deus só deu a bênção do acesso a José, mas foi José que a usou para sentar em uma posição de destaque. Deus não vai pôr você sentado em lugar nenhum; ele tão-somente lhe dará a bênção do acesso, e caberá a você escolher como usá-la.

O PROBLEMA É SEU

Algumas pessoas têm condições financeiras boas, e outras não; umas estão com o casamento em dia, e outras estão batalhando no casamento; umas conseguem criar bem os filhos, enquanto outras nem sequer sabem como educá-los emocionalmente. Qual é a diferença entre quem está e quem não está prosperando, se todos podemos receber acessos a oportunidades diariamente?

Exatamente isto: saber usar o acesso da forma certa. Resolvi ser uma pessoa comportada para não perder a bênção. Escolhi não ser crítico de alguém, quando na realidade estava doido para estar onde essa pessoa está. Decidi matar a inveja, as comparações, os achismos emocionais, matar o que me agride (porque a prosperidade das pessoas às vezes nos agride), mas superei tudo isso para poder utilizar o acesso, pois quem utiliza a bênção do acesso começa a subir os degraus da prosperidade.

> **Quem utiliza a bênção do acesso começa a subir os degraus da prosperidade.**

Não há uma pessoa próspera na Bíblia que não tenha alcançado a prosperidade sem antes receber a bênção do acesso. Maria Madalena, com um passado de pecado; José, como presidiário; Moisés, com toda a confusão de um decreto de morte sobre a vida dele.

Pare alguns instantes para pensar em quantos acessos você já deve ter fechado por causa dos buracos emocionais.

Quantos acessos você pode ter fechado ou perdido porque simplesmente não insistiu, não se comportou bem naquele momento ou não abriu o coração?

Os segredos para manter o acesso

Um dos maiores segredos para você manter o acesso é ter **mente aberta e flexível**. A mente precisa apresentar essas duas características para que você entenda que Deus quer fazer prosperar o ser humano.

> Você nunca vai ter algo que não deseja, nunca terá algo que não entende, nem terá algo que não está preparado para receber.

Você nunca vai ter algo que não deseja, nunca terá algo que não entende, nem terá algo que não está preparado para receber. Aliás, este é outro grande segredo: a maturidade.

Certa vez, fui a uma lotérica pagar uma conta de luz no dia do sorteio da Mega-Sena. Na fila, dois senhores conversavam na minha frente:

— Hoje eu vou ganhar! Hoje eu ganho! — um deles falou em tom profético.

— É mesmo, Zé? — disse o outro, animado.

— Ganho! Ah, ganho!

— Se você ganhar, o que vai fazer com o dinheiro?

— Rapaz, a primeira coisa que eu vou fazer se eu ganhar esses 68 milhões vai ser largar aquela mulher que está lá em casa — disse com euforia.

O PROBLEMA É SEU

Mesmo com provavelmente quarenta anos de casamento, esse homem largaria tudo pelo dinheiro, pois não estava maduro para prosperar.

No entanto, tenho uma excelente notícia: quando Deus dá a você a bênção do acesso, significa que ele está vendo qualidades em você para fazê-lo subir a escada da prosperidade. Então, continue firme na caminhada para prosperar com propósito, pois o seu próximo passo será transbordar!

O Livro da Sabedoria Milenar diz que ninguém deve acumular riquezas. Contudo, você está autorizado a transbordar nesta vida para prosperar na vida de outros. Você é livre para usar os acessos que Deus lhe dá para aquilo que os olhos não viram nem os ouvidos ouviram, nem jamais entrou no coração do homem.

Outro segredo já foi revelado neste capítulo, mas reforçarei aqui. Esse segredo chama-se **propósito**. Por que você acha que um homem bilionário como Bill Gates é capaz de acordar todos os dias às 5 horas da manhã para ir trabalhar? É para pagar as contas? Claro que não! É para continuar compartilhando com outros por meio de sua filantropia.

Reflita comigo: se você já conhece o caminho para a prosperidade, já está ao lado da Sabedoria em pessoa, que é fonte inesgotável de respostas para todos os seus problemas, qual é a sua justificativa para continuar lutando apenas para pagar a conta de luz na próxima segunda-feira?

Se você já decretou guerra contra o seu estado atual, determinando para si mesmo que não vai mais continuar do jeito que está, saiba que os acessos divinos para prosperar chegarão até você, mas eles virão com propósitos.

Primeiro, você resolverá toda a sua situação e a da sua família, pois é o que se espera de quem prospera, assim como está escrito:

"Se alguém não cuida de seus parentes, e especialmente dos de sua própria família, negou a fé e é pior que um descrente" (1 Timóteo 5.8).

Note que Deus não proíbe você de nenhuma riqueza; pelo contrário, ele diz primeiro para usar em casa, com a família e os filhos. O grande desafio será, com essa riqueza, não depositar o seu coração nela.

Você precisará ter maturidade para obedecer à Sabedoria em pessoa e ser maduro o suficiente para continuar mantendo a porta dos acessos aberta.

Deus está desejoso de fazer prosperar uma geração, de tornar você próspero, porque cada ser humano que prospera é sinal de que uma criança a menos passará fome, uma família será restaurada, uma casa será construída, uma escola será levantada. Cada pessoa que prospera aqui é um projeto divino novo nascendo na terra!

• • •

Para encerrar, compartilharei uma última história para que você nunca se esqueça de cuidar dos acessos divinos que recebe, pois esta é a chave para não perder a chance de prosperar e transbordar.

O PROBLEMA É SEU

Certa vez, uma pessoa escreveu para mim em uma rede social: "Deixei de seguir você. Passei cinco anos fazendo isso, porque via em você um homem de Deus, mas agora tudo mudou; você só fala de dinheiro".

Eu devo receber em média 2 a 3 mil mensagens por dia só no Instagram. Minha equipe vê quase todas, mas quantas eu mesmo vejo? Entre cinco e dez mensagens. Naquele dia, essa pessoa conseguiu ter acesso a mim, mas escolheu usá-lo para dizer: "Deixei de seguir você".

Naquela semana, eu estava fazendo uma campanha chamada "Prospere com Propósito" e, ao ver aquela mensagem, respondi:

"Querida, tudo bem, você pode deixar de me seguir, mas lembre-se de que o que hoje você vê como algo ruim está salvando muitos pais de família. Então, eu vou continuar tirando pessoas da ignorância e da miséria, mesmo que eu tenha que perder outras que já prosperaram ou que estejam com raiva por eu ensinar outras a também prosperarem".

Detalhe: eu não estava pedindo dinheiro a ninguém. Aquela pessoa só estava com raiva porque eu estava ensinando. Ou seja, algumas pessoas ignoram um acesso só por aquilo que o outro diz. Não precisa nem sequer fazer algo de errado.

Pode ser que você já tenha deixado de acompanhar um conteúdo, um curso ou algo assim porque ficou chateado com apenas

— 244 —

A verdadeira prosperidade

uma única palavra que a pessoa tenha dito, mas e quanto às outras cem que ela ensinou e foram responsáveis por destravar a sua vida? É assim que você perde o acesso, a oportunidade, o conselho, a pessoa. Nunca mais faça isso. Deus trabalha com acessos. Acessos divinos em todas as áreas da vida para ajudar você a prosperar!

> **Acessos divinos em todas as áreas da vida para ajudar você a prosperar!**

Você já sabe que pode decidir mudar de vida hoje e prosperar. Por meio da sua vida, a bênção do acesso também reverberará na vida de outras pessoas.

O ciclo de pobreza mental que escravizou você e os que estão à sua volta, com problema atrás de problema, será eliminado agora se você tiver a mente aberta e flexível. Com isso, você passará a ter acessos que nunca imaginou.

A Sabedoria em pessoa somente espera que você não deixe de transbordar. Deus não dá dinheiro ao homem; ele patrocina projetos na terra. Ele quer mais vidas sendo transformadas. Ele não compactua com o acúmulo de riquezas, mas deixará você ser a pessoa mais rica deste mundo se transbordar na vida de outras pessoas. Ele quer que você multiplique, por isso lhe concede a sabedoria capaz de mudar a sua realidade.

. . .

O PROBLEMA É SEU

Para finalizar este capítulo, entenda que:

- A Sabedoria em pessoa concede quatro tipos de bênçãos de acesso, que são os lugares ou ambientes, as pessoas, os conselhos e as oportunidades.
- Os acessos divinos são concedidos indistintamente às pessoas, mas é preciso saber identificá-los.
- Para manter os acessos abertos, é preciso conservar uma mente aberta e flexível.
- A verdadeira prosperidade não consiste em acumular riquezas, mas em transbordar na vida de outras pessoas.

QUEM TEM A BÊNÇÃO DO ACESSO SEMPRE
TERÁ UMA PORTA ABERTA PARA PROSPERAR.
VOCÊ NÃO PRECISA SER DONO DE
NENHUMA MEGAEMPRESA, POIS, QUANDO
VOCÊ TEM ACESSO, ESTE VALE MUITO
MAIS DO QUE DINHEIRO.

APLICAÇÃO

1. Você se reconheceu em alguns exemplos deste capítulo? Criticava quem prosperava, ou ficava com raiva do jeito de alguma pessoa e depois parava de aprender com ela? Comente como pode mudar isso com base nesta leitura.

---

2. Reflita sobre quantos acessos você pode ter fechado por falta de uma mente aberta e flexível.

CAPÍTULO 9

A VOZ NO MEIO DO CAMINHO

Quer você se volte para a direita quer para
a esquerda, uma voz nas suas costas dirá a você:
"Este é o caminho; siga-o".
ISAÍAS 30.21

A o longo de todo este livro, você tem acompanhado tudo o que a Sabedoria faz na nossa vida para que permaneçamos a seu lado. Como a resposta para a resolução dos problemas é a Sabedoria em pessoa, ela nos mostra caminhos, nos deixa instruções e nos ensina a cuidar do relacionamento com ela, de modo que sempre tenhamos acesso às respostas de que precisamos. Como se já não fosse o suficiente, em sua infinita generosidade ela busca falar conosco a todo momento, ainda que não reconheçamos sua voz, pois seu desejo é que cheguemos o mais seguro possível ao nosso destino, cumprindo a nossa missão.

A história que compartilharei a seguir está escrita no livro de Lucas (24.13-35), e observe como muitas vezes, especialmente

O PROBLEMA É SEU

nos momentos de dificuldade, a voz da Sabedoria não é reconhecida mesmo por quem costuma clamar por ela.

Os dois discípulos no caminho de Emaús

No mesmo dia da ressurreição de Cristo, dois discípulos seguiam de Jerusalém para uma aldeia chamada Emaús, e a distância entre as duas era de aproximadamente 11 quilômetros, o que daria mais ou menos um dia inteiro de caminhada.

Eles falavam de tudo o que havia acontecido, pois tinham ouvido sobre a ressurreição do Messias.

Acontece que, nessa hora, o próprio Jesus se aproximou deles, ficou ao lado e passou a caminhar junto dos dois. O Livro da Sabedoria Milenar diz que os olhos desses discípulos estavam como que fechados, porque não reconheceram o Mestre assim que o viram. Jesus, então, pergunta aos dois:

— Sobre o que vocês estão conversando e por que estão tristes?

— Ora, você é peregrino em Jerusalém e não sabe o que está acontecendo nestes dias? — disse o homem chamado Cleopas.

— O que está acontecendo? — Jesus indagou.

— É sobre Jesus de Nazaré, aquele profeta poderoso em obras e palavras diante de Deus e de todo o povo — prosseguiu o discípulo.— Os sacerdotes e os príncipes o condenaram à morte e o crucificaram. Esperávamos que ele libertasse Israel, mas hoje já é o terceiro dia desde que tudo isso aconteceu, e até agora nada — concluiu, com desânimo.

— 250 —

— Algumas mulheres do grupo realmente disseram maravilhas, contando que foram de madrugada ao túmulo dele e não acharam seu corpo — continuou o outro discípulo. — Elas voltaram dizendo que também tinham visto anjos e insistiram em dizer que o Mestre estava vivo!

Os dois seguiram contando a Jesus como outros discípulos do mesmo grupo foram ao sepulcro de Jesus na tentativa de ver alguma coisa, assim como as mulheres haviam dito; contudo, não viram nada.

Foi então que Jesus disse:

— Ó néscios, como vocês demoram para entender e crer em tudo o que os profetas disseram! Não deveria o Cristo padecer estas coisas para entrar na sua glória?

O Mestre prosseguiu, com toda a paciência, explicando-lhes tudo, desde Moisés até todos os Profetas. Ele os acompanhou o tempo todo, falando no caminho, até que chegaram a Emaús.

Jesus ia seguindo adiante, quando os discípulos disseram:

— Fica conosco, porque já está tarde e escuro lá fora.

O Mestre não fez desfeita, por isso não só permaneceu, como também ficou para jantar com eles. E adivinha só? Quando estava com eles à mesa, tomou o pão, o abençoou e o partiu, entregando-o a ambos. Na mesma hora, os olhos daqueles discípulos se abriram, e finalmente eles reconheceram que era Jesus.

Observe o que acabamos de ver nessa história. Dois discípulos, não dos Doze, mas daqueles quinhentos que andavam com

Jesus, e que sempre estavam por perto, andaram pelo caminho todo com o mesmo homem que outrora lhes ensinava todos os dias por três anos e meio. No entanto, por algum motivo eles não reconheceram a mesmíssima voz que durante todo aquele tempo lhes havia ensinado.

Jesus podia ter se manifestado a esses discípulos em muitos momentos ao longo do caminho. Poderia ter se revelado logo no início, em Jerusalém, que era a cidade santa. Ou assim que chegaram à aldeia de Emaús, uma cidade desconhecida da Judeia. Contudo, o Mestre preferiu ir com eles pelo caminho.

Uma das coisas mais difíceis para algumas pessoas é o caminho. Por exemplo, conheço muitas pessoas que desejam visitar o Japão algum dia. O único problema é que são 24 horas de viagem. Eu já tive o privilégio de ir para o outro lado do mundo mais de cinco vezes. Viajei para a Ásia, passando pelo Japão e a China. Fui também à Índia. Depois de receber um convite para ir ao Japão, em um primeiro momento eu vibrei, mas logo em seguida me dei conta: seriam 24 horas de avião, somadas a 5 horas de conexão, e lá se iam quase 30 horas de viagem.

Nem sempre o caminho será agradável. Nem sempre você vai querer percorrer esse caminho. No entanto, o que não percebemos é que o *caminho* é o único processo que levará você a viver o que espera no futuro.

Paulo, que antes se chamava Saulo e era perseguidor da igreja de Cristo, já havia tido muitas oportunidades de ter uma experiência com Deus. Sabe-se que ele estava em Jerusalém, onde ficava o grande templo no qual o Mestre falava. O apóstolo Paulo tinha acesso ao Santo Monte, o monte Moriá, porque ele era fariseu filho de fariseus. Havia sido instruído aos pés do renomado mestre Gamaliel e tinha acesso a toda a espiritualidade de Jerusalém. Nenhum outro homem esteve tão próximo da Cidade Santa como ele.

> Nem sempre o caminho será agradável. Nem sempre você vai querer percorrer esse caminho. No entanto, o que não percebemos é que o *caminho* é o único processo que levará você a viver o que espera no futuro.

No entanto, Jesus não falou com Paulo ali; em vez disso, revelou-se a ele no caminho de Damasco.

ESTEJA COM OS OUVIDOS ATENTOS NO CAMINHO

Por algum motivo, o Mestre, que você já sabe que é a Sabedoria em pessoa, prefere falar com as pessoas *no caminho*. Não é sempre que ele fala na origem, ou deixa a mensagem completa no ponto de partida, como fez com Abraão: "[...] 'Saia da sua terra, do meio dos seus parentes e da casa de seu pai, e vá para a terra que eu lhe mostrarei' " (Gênesis 12.1). Ele poderia ter dito algum destino como Emaús? Jerusalém? Nova York? Sim, poderia. No entanto, ele disse a Abraão para ir à terra que ele

O PROBLEMA É SEU

ainda lhe mostraria. Certamente a Sabedoria falou com ele, mas *ao longo do caminho*. Ou seja, você terá que estar em movimento, dar o primeiro passo, e aí, sim, poderá escutá-la.

É na resistência durante a caminhada, pois o caminho parece nos deixar mais longe do destino que queremos alcançar, que a Sabedoria prefere falar com as pessoas. No relato anterior, com os dois discípulos a caminho de Emaús, o Mestre ficou ao lado de ambos durante todo o trajeto, ou seja, praticamente um dia inteiro de caminhada. Ele falou com os dois o tempo todo, mas, assim como aconteceu com aqueles discípulos, às vezes o caminho nos preocupa e nos distrai tanto a ponto de o Senhor estar do nosso lado, falando em todos os momentos, e não somos capazes de reconhecer sua voz durante anos!

Por vezes, o caminho oferece muitas distrações, e surgem preocupações na sua mente: "Será que alguém vai me assaltar?"; "Quanto tempo falta para eu chegar?"; "Será que a água que eu trouxe vai ser suficiente?"; "Será que o sol não vai baixar?". É tanta preocupação e demasiada atenção em outros detalhes que quase sempre você não reconhece quem está do seu lado.

Quando aqueles discípulos reconheceram o Mestre? Quando estavam sentados à mesa. Sabe por quê? A mesa é um lugar de desfrutar da companhia de outras pessoas, daquelas que são realmente importantes; por essa razão, é junto a ela que a sua mente se abre. No entanto, enquanto está no caminho, a sua mente precisa

A voz no meio do caminho

ficar no modo alerta, pois você deve focar o seu destino. Também é verdade que, ao voltar a sua atenção somente para o caminho, e em especial para os problemas que surgem ao longo dele, a sua mente se fecha, e consequentemente você deixa de ouvir. No entanto, a Sabedoria em pessoa prefere falar ao longo do caminho.

> **A Sabedoria em pessoa prefere falar ao longo do caminho.**

O Mestre falou com Saulo no caminho. Falou com o povo de Israel pelo caminho. O povo de Israel saiu do Egito, e quem de Israel escutou a voz de Deus no Egito? Dos dois milhões de pessoas, apenas uma a escutou no Egito. Quantas, porém, escutaram quando estavam no caminho? Os dois milhões. Toda essa multidão escutou a voz de Deus no meio da caminhada, viu a nuvem de fumaça e a coluna de fogo. Esses dois milhões de pessoas comeram do maná e viram a água sair da rocha. Na origem, que era o Egito, não ouviram; na terra de Canaã, o destino, só desfrutaram; mas, no caminho, elas reconheceram a voz e viram Deus se manifestar.

Nem sempre Deus falará com você na origem ou no destino, mas no caminho com certeza ele se manifestará.

Pode ser que você esteja no meio do seu caminho profissional, na sua caminhada matrimonial, ou ainda no meio do seu caminho espiritual. Às vezes, você está na caminhada buscando algo, por isso preste atenção: é nessa exata hora que o Mestre ficará ao seu lado e começará a falar com você. Não fique achando que será algo aleatório, pois a voz da Sabedoria sempre virá para mostrar quais caminhos você deve percorrer a fim de chegar ao seu destino.

COMO NUNCA DEIXAR DE ESCUTAR A VOZ DA SABEDORIA

A distração causada pelos muitos estímulos que recebemos no dia a dia, o cansaço em decorrência da luta diária e o desgaste em razão da própria jornada vão minando a sua capacidade de reconhecer quem está do seu lado, quem, de fato, se preocupa com você e não quer vê-lo em problemas.

Voltando à história dos discípulos de Emaús, o Mestre pergunta: "Sobre o que vocês estão falando?". O que aqueles dois fizeram diante da pergunta? Encararam Jesus com sarcasmo e demonstraram sua descrença diante do que já tinham ouvido e aprendido. Nós também agimos, muitas vezes, da mesma forma com a Sabedoria em pessoa, que nos foi enviada para nos livrar de problemas.

É por essa razão que Jesus está sempre interessado em entender o que você pensa a respeito das coisas. Não se trata apenas da questão de nos ordenar a ir para algum lugar; antes disso, sempre tem a pergunta: "O que você pensa sobre isso?", porque ele anseia nos ensinar a resolver os nossos problemas e nunca mais voltarmos a eles.

A voz no meio do caminho

Contudo, assim como aqueles discípulos não conseguiram reconhecer o Mestre, pois estavam cegos, no sentido figurado, há muitas pessoas que vivem na cegueira da descrença, que as impede de reconhecer a voz da Sabedoria.

Saulo, ao ouvir a voz do Mestre, que dizia: "[...] 'Saulo, Saulo, por que você me persegue?' ", respondeu exatamente igual a esses dois discípulos: "[...] 'Quem és tu [...]?' " (Atos 9.4,5), porque ele não reconheceu a voz nem mesmo de quem ele perseguia.

Ao longo do caminho, você pode chegar a reconhecer a voz da Sabedoria, mas há uma questão: quem está disposto a empreender uma caminhada sem saber para onde está indo? Sem saber o que o espera na próxima encruzilhada?

Alguns homens, no entanto, ouviram a voz de Deus tanto no início quanto no caminho e no destino. Jonas foi um deles.

Deus chama Jonas e fala com ele logo no início: "Vá para Nínive". Ele desobedece, tentando ir para Társis; então, Deus fala com ele no meio do caminho, lá no ventre do grande peixe (não era uma baleia, apesar de insistirmos em dizer que era). Jonas chega a Nínive e começa a discutir com Deus: "Então, quer dizer que agora o Senhor vai perdoar todo mundo?". Mesmo assim, Deus continua conversando com ele.

Veja a seguir quais são as principais causas da privação dos nossos sentidos até que não reconheçamos mais a voz da Sabedoria, e como cada uma dessas causas pode ser eliminada para que você finalmente tenha os ouvidos abertos.

Combata a ruína emocional

Existem pessoas que estão muito mal emocionalmente, como Jonas. Se você ler o capítulo 4 do livro de Jonas, verá que ele estava bastante mal psicologicamente. Talvez ele sofresse de bipolaridade ou depressão, ou tudo ao mesmo tempo. Em um versículo, ele pede para morrer; no outro, ele fala que está extremamente feliz porque uma aboboreira cresceu sobre a cabeça dele. Mas, de repente, a aboboreira morre; então, no versículo seguinte, ele já quer morrer de novo!

Jonas é um exemplo de quem passa por uma ruína emocional, mas, apesar de ser uma condição bastante desgastante, a boa notícia é que a Sabedoria em pessoa, que sempre está disposta a caminhar ao nosso lado e nos falar a todo instante, certamente falará no início, no meio e no fim com aqueles que estiverem em uma situação como essa. Sabe por quê? Porque Deus prefere falar a todo tempo a perder um filho. Ele prefere não parar de falar a deixar você se desviar, a ver você não cumprir a missão que precisava cumprir. A missão de Jonas era ir para Nínive, por isso Deus continuou falando, mesmo que Jonas tentasse se desviar da rota.

Livre-se do sentimento de culpa

Há pessoas que acreditam que Deus parou de falar com elas por terem errado. Se, por acaso, você acha que isso já aconteceu

A voz no meio do caminho

com você também, pare por alguns instantes para pensar se realmente foi ele que parou de falar com você, ou se não foi você que deixou de escutá-lo por causa dos seus erros. A verdade é que, se Deus tivesse parado de falar com a humanidade, nenhum de nós poderia estar mais aqui hoje.

Seja qual for o caminho no qual você estiver hoje, em busca do seu futuro e apreensivo quanto ao que virá, saiba que Deus enviou o seu Espírito para ficar ao seu lado e dizer o que você precisa ouvir. A única questão é: você está disposto a se empenhar para se livrar do sentimento de culpa que tem carregado nas costas para, enfim, conseguir escutar?

Quando Deus vê um filho, principalmente aquele que se dirige a um lugar ao qual não deveria, ele age para que o filho não prossiga pela rota equivocada. Ele pode fazer você mudar de caminho, ou ainda fazer você passar por uma cegueira temporária (lembre-se do sentido figurado). Pode ser que Jesus tenha que caminhar o dia todo, como fez com os dois discípulos até Emaús, e deixar de seguir viagem para estar com você. Imagine essa mesma situação com bilhões de pessoas no mundo: o Mestre dedicou um dia todo só para você. E ainda parou para jantar na sua casa!

Então, você pergunta: "Mas isso é possível?". Apocalipse diz:

> "Eis que estou à porta e bato. Se alguém ouvir a minha voz e abrir a porta, entrarei e cearei com ele, e ele comigo" (3.20).

O PROBLEMA É SEU

Entenda que os seus erros não consistem em quem você é. Não são os seus tropeços que o definem; toda vez que você tropeça, não há outra saída além de não se levantar e seguir em frente. Portanto, não permita que os seus erros travem você no meio do caminho, pois é nesse lugar que você ouvirá a voz que provavelmente nem sabia que buscava, mas que é a única capaz de responder como prosseguir para que você chegue ao destino esperado.

Elimine a falta de fé

Este é outro problema que impede a maioria das pessoas de reconhecer a voz no meio do caminho.

Imagine a Sabedoria em pessoa batendo à sua porta.Você pensa: "Ah, deve ser o entregador", ou "Outra vez um vendedor", ou "Bateram por engano". Com desculpas como essas, você simplesmente resolve não abrir. Isso é o que chamamos deixar a oportunidade "passar batido". Você tem a resposta para os seus problemas a apenas um passo de distância, na soleira da sua porta, mas, por não reconhecer a voz em razão da sua incredulidade, você permanece como está, ou seja, preso aos seus problemas.

A falta de fé instala-se aos poucos no ser humano quando, para ele, a voz da religião ganha um volume mais alto do que a voz de Deus; quando a voz do boleto que está para vencer fica mais alta do que a fé na providência; quando a voz do medo e da dúvida fica mais alta do que a do Espírito Santo, que diz:

A voz no meio do caminho

"Continue, porque eu vou tirar esse medo"; quando a voz do questionamento fica mais alta do que a voz da Sabedoria. Observe a seguinte situação:

> **Os grandes problemas da nossa vida começam quando a gente já não consegue reconhecer a voz no caminho.**

— Ué, mas ele não ia ressuscitar em três dias? A mulher falou que viu, mas não tem prova, né? — disse o discípulo.

— Deus não disse que ressuscitaria Jesus em três dias? — pergunta o Mestre.

— Humm... — resmunga o discípulo, ainda não muito convencido.

Por que insistimos em duvidar, mantendo o coração surdo diante da voz da Sabedoria?

Você tem que ver para crer? Saiba que a fé não exige visão. Você não tem que ver nada para acreditar, pois com fé você tem certeza das coisas que não se veem. Aliás, essa é uma das exigências dessa prática: acreditar sem ver. Se passou disso, não é mais fé, e sim a natureza humana que acredita apenas quando enxerga, ainda que seja com miopia.

Agora preste atenção. Para acreditar no que não vê, você precisa _escutar_. Será que, além de aqueles dois discípulos estarem com os olhos fechados a ponto de não reconhecerem o Mestre, eles também não estavam com os ouvidos tampados? A resposta é não!

Quando a Sabedoria em pessoa nos priva temporariamente de um sentido, como a visão, significa que ela quer abrir outro, como a audição. Então, quando você não é capaz de ver com os olhos, reconhece a voz de quem está ao seu lado no meio do caminho.

A VOZ DA SABEDORIA É INCONFUNDÍVEL

Os discípulos estavam em um barco. Jesus já tinha morrido e ressuscitado, embora ainda estivesse aqui. Depois de uma noite na embarcação, tentando pescar em pleno mar da Galileia e não conseguir nada, os discípulos escutaram uma voz logo cedo. Então, Jesus olha para eles e pergunta: " '[...] vocês têm algo para comer?' [...]" (João 21.5). É bem provável que Pedro, com seu temperamento impulsivo, na hora tenha se queixado: "Veja se pode uma coisa dessa. Agora, vem esse homem pedindo comida para a gente!". João, no entanto, mais amável, para e começa a olhar atentamente.

Quando voltaram, depois de seguir a sugestão daquele homem de lançar a rede do outro lado do barco, eles finalmente conseguiram recolher uma quantidade enorme de peixes.

Foi quando João reconheceu Jesus. Não me arrisco a dizer que tenha sido o jeito de andar, mas acredito fortemente que foi o timbre da voz do Mestre ao se dirigir aos discípulos que fez João exclamar: "É o Mestre! É Jesus!".

O escritor João (21.7) diz que Pedro começou a se vestir, porque estava pescando nu (ou, pelo menos, não devidamente trajado). Vestido, ele se joga no mar e vai nadando até Jesus, mas quem reconheceu Jesus foi o seu discípulo mais íntimo, João.

Além de a Sabedoria em pessoa estar sempre disposta a falar com você, a voz dela jamais poderá ser confundida se houver intimidade no relacionamento (releia o capítulo 4 deste livro para relembrar como manter esse relacionamento).

Ainda que nenhum daqueles discípulos na embarcação compreendesse muito bem como Jesus havia parado ali, a voz era *inconfundível*.

Talvez você não veja o Mestre na situação em que está, mas a voz dele é inconfundível em qualquer circunstância. Você pode não o enxergar no meio de uma tribulação, mas a voz dele não se perde no meio da multidão. Treine e aprenda a reconhecê-la.

• • •

A história bíblica nos mostra outro momento em que o Mestre vinha andando sobre as águas, no meio da tempestade. A figura debaixo do temporal era difusa, tanto que os discípulos creram que era um fantasma. Todos afirmaram ser uma assombração, mas Pedro matou a charada, dizendo: " 'Senhor', [...] 'se és tu, manda-me ir ao teu encontro por sobre as águas' "

(Mateus 14.28), porque essa voz ele reconhecia. Pela imagem, poderia ser qualquer coisa, mas a voz era inconfundível.

Quando Deus fala conosco, não há confusão. Quando ele fala com você, não restam dúvidas; quando essa hora chega, significa que é o momento de agir. Ele dá sinais, envia sonhos, inspirações, mas, quando ele começa a falar com você, é porque chegou o tempo da boa-nova que já comentamos aqui: começará a acontecer na sua vida o que os olhos não viram, os ouvidos não ouviram e o que jamais entrou no coração do homem. Isso é o que Deus tem preparado para aqueles que o amam e para quem o escuta.

> **Deus é especialista em falar no meio do caminho. Se você está no meio do caminho para qualquer objetivo na sua vida, feliz é você, porque está no lugar certo para escutar a voz de destino.**

Qual é a dificuldade de tudo isso? Justamente o caminho. Se fosse na origem, quando você estava sentado esperando a direção, ou no destino, quando você já está desfrutando da recompensa, seria fácil, não? No caminho, porém, ou seja, em meio às lutas, é que a voz da Sabedoria ecoa. É exatamente no meio da dúvida, na hora do sol mais quente, quando a água está acabando ou quando você ainda está no meio do deserto e ainda falta tanto para chegar, que o Mestre começa a falar.

Tempos atrás, eu estava em um barco, e alguns amigos meus estavam parados a alguns metros de distância da orla. Não sou nenhum atleta, mas resolvi ir nadando até eles. Ideia ótima, se eu não tivesse calculado errado a distância, porque parecia perto, mas na realidade era muito longe. No meio do caminho, olhei para trás, e já não dava para voltar, porque estava muito longe; em seguida, olhei para a frente, e também não dava para continuar, porque ainda estava muito distante.

> "Fique parado! Eu vou resgatar você, pegá-lo pela mão e não vou deixar você afundar." Essa é a voz inconfundível da Sabedoria.

Esse é o problema do meio do caminho. Você não consegue voltar para a origem nem seguir para o destino pretendido se não escutar a voz da Sabedoria. Então, eu gritei: "Estou cansado!". O marinheiro do barco respondeu: "Então, fique aí, pois vou buscar você". Mas os meus amigos começaram a falar: "Que nada, rapaz! Vem!". Imagine se eu tivesse escutado os meus amigos?

Se você não souber reconhecer a voz certa, pode tentar nadar e se afundar. No meio do caminho, a voz certa diz que você deve ficar onde está, porque ao seu encontro irá o socorro.

A VOZ DA SABEDORIA NUNCA SE CANSA DE FALAR COM VOCÊ

O apóstolo Pedro é um dos grandes exemplos deste capítulo, de modo que o mencionarei mais uma vez. Anteriormente, você

O PROBLEMA É SEU

acompanhou o que Pedro disse: " 'Senhor', [...] 'se és tu, manda-me ir ao teu encontro por sobre as águas' " (Mateus 14.28). Mesmo com toda essa segurança, foi ele mesmo que, depois de alguns passos, afundou.

Jesus deixou-o passar por isso para fazê-lo aprender a não confundir a sua voz com nenhuma outra. Não se esqueça de que o Inimigo é vingativo, mas Deus é misericordioso, pois as Escrituras afirmam que, mesmo quando Pedro teve pouca fé, Jesus puxou-o de volta para a superfície.

Deus não aguenta ver um filho se afogando, por isso nos deu a Sabedoria como bote de salvação. Você acha mesmo que, logo na sua vez, quando você estiver mergulhado em problemas, ele terá o prazer de vê-lo se afogar?

Mesmo depois de Pedro negar Jesus três vezes, o Salvador o salvou. Por que você ainda acha que ele não vai salvá-lo? Deus tem um pacto com você. Talvez você não tenha um com ele, mas o dele com você está selado.

Deus fez um pacto com a humanidade quando enviou Jesus Cristo. Como um ser humano, ele tem um pacto com você; mas, se você aceita Jesus Cristo, seu único Filho, como Senhor e Salvador esse pacto torna-se em salvação e redenção.

Tenho certeza de que você conhece a expressão "morrer na praia". Ela é exatamente o significado de ficar pelo caminho. No entanto, não existe a mínima possibilidade de você morrer dessa forma se atender à voz da Sabedoria. Ela chama a sua atenção na origem e também o guiará até o destino. Se ela o envia para uma trajetória, repouse na certeza de que você estará protegido até chegar ao seu destino, pois, quando a Sabedoria em pessoa vê você perdido e sem direção, com dúvidas e questionamentos, ela chega no momento exato e anda ao seu lado até que você entenda que é ela que está ali.

O Mestre não desistiu daqueles dois discípulos no caminho para Emaús. Ele não perdeu a paciência e foi embora, como poderíamos facilmente fazer. **Ele jamais desiste de alguém!**

Você desiste, mas ele não.

Você já deixou gente para trás. Jesus não deixa ninguém para trás.

Você cansa das pessoas, mas ele morreu por elas.

Só que a Sabedoria em pessoa gosta de falar ao longo do caminho, que é justamente quando a sua mente talvez esteja mais confusa e cansada.

Apesar de todo o caos mental, ainda é possível reconhecer a voz da Sabedoria, pois, como ela tem as respostas para todo e qualquer problema, ela já sabe que é no meio do caos que você fatalmente se perderá. No entanto, ela é o GPS da sua vida e jamais permitirá que você perca o seu destino.

Portanto, a partir de hoje, não importa quão cansado, exausto ou perdido você esteja, olhe bem e escute com atenção, porque a voz da Sabedoria sempre surgirá no meio do caminho.

O PROBLEMA É SEU

O Mestre não abandona nenhum dos seus. Ele não abandonou Pedro. Até Judas, que o traiu, ele chamou de amigo; Judas seguiu outro caminho porque quis, porque a misericórdia de Deus também se estendia a ele.

Ele não vai abandonar você.
Ele não vai deixar você se perder.
Ele não vai deixar você seguir por caminhos
que não agradam a ele.

Chegou a hora de você escutar a voz do GPS da sua vida, que lhe mostrará o seu destino, além de renovar as suas forças. Peça à Sabedoria que fale com você, ainda que seja na confusão ao longo do caminho. Deixe os seus ouvidos abertos para escutar e entender a sua voz. Principalmente, deseje ouvir.

• • •

Para finalizar este capítulo, entenda que:

- A Sabedoria em pessoa sempre está ao seu lado e fala com você no meio do caminho.
- Há vários inimigos, como a distração, o cansaço e a preocupação, que não permitem que a voz no meio do caminho seja reconhecida; portanto, é preciso eliminá-los para que você a escute.
- Quando a voz da Sabedoria estiver presente, e você conseguir escutar, pode descansar na certeza de que está no caminho certo.

AO APRENDER A *ESCUTAR* A VOZ DA SABEDORIA EM PESSOA E RECONHECÊ-LA, AINDA QUE VOCÊ ESTEJA NO MEIO DO CAOS, NÃO HAVERÁ TORMENTA CAPAZ DE DERRUBAR A SUA CASA E ROUBAR A SUA PAZ, POIS FINALMENTE VOCÊ SABERÁ COMO RESOLVER TODOS OS SEUS PROBLEMAS.

O PROBLEMA É SEU

APLICAÇÃO

1. Você já chegou a acreditar que a voz da Sabedoria em pessoa não falava com você? Comente.

_____

_____

_____

_____

_____

2. Você costuma andar com o GPS da vida, mas sem áudio? Comente o que isso pode causar.

_____

_____

_____

_____

_____

_____

A voz no meio do caminho

3. O que você passará a praticar na sua vida a partir de agora para manter os ouvidos abertos e poder escutar a voz da Sabedoria?

CAPÍTULO 10

ENXERGANDO O PRÓXIMO PASSO

*Conduzirei os cegos por caminhos que eles não
conheceram, por veredas desconhecidas eu os guiarei;
transformarei as trevas em luz diante deles
e tornarei retos os lugares acidentados.
Essas são as coisas que farei; não os abandonarei.*

ISAÍAS 42.16

Chegamos ao último capítulo deste livro, em que foi apresentado uma série de ensinamentos provenientes da Sabedoria em pessoa para você resolver os seus problemas. Antes de encerrá-lo, preciso compartilhar uma última mensagem

Enquanto muitas pessoas sonham com um futuro, outras pensam em desistir de tudo. Alguns buscam mais Sabedoria Milenar, ao passo que outros se distanciam cada vez mais dela.

O PROBLEMA É SEU

Existem várias situações na vida que definem de que lado ficaremos. O lado de quem recebe um milagre, de quem avança na vida e de quem está de bem com o seu propósito, ou o lado de quem está sempre reclamando, perdendo, murmurando, unindo-se a pessoas que sempre estão prontas para uma briga e permanecendo, assim, em disputa com seu destino e seu propósito.

Tenho uma notícia para lhe dar quanto a isso, mas, para compreender seu sentido, gostaria que você pensasse comigo sobre o seguinte: *o ato de não enxergar provoca alguns sentimentos negativos.*

Façamos um teste. Se você estiver em casa agora, feche os olhos e tente ir do quarto para a cozinha, ou tente chegar ao banheiro. Faça esse movimento de olhos fechados como se fosse um cego; não vale abrir nem um pouco os olhos.

A primeira emoção que você começa a sentir é a insegurança: "Mas e se eu bater em algum lugar?".

Na sequência, vem o medo: "Mas e se alguém vier me empurrar?".

Então, logo surge a dúvida: "Será que, se eu for por aqui, eu caio?".

Insegurança.

Medo.

Dúvida.

Além desses três, tantos outros sentimentos negativos nascem no seu coração e se instalam na sua alma quando você não consegue enxergar o próximo passo a dar.

Enxergando o próximo passo

Você acha que seria possível fechar os olhos como se estivesse cego e tentar ir para o cômodo mais próximo da sua casa? Sim! Mas não é provável. Por que não? Porque os sentimentos de medo, de insegurança e de dúvida ainda são mais fortes em você do que a possibilidade de caminhar sem ver. Consequentemente, você fica paralisado.

> **Quando você está cego e não consegue ver em que direção seguir, todos os sentimentos indesejados surgem em seu interior.**

No entanto, você já percebeu o que ocorre em uma situação como essa quando se trata de um cego de nascença? Não pode enxergar, mas dentro da casa onde mora, ou em lugares pelos quais já passou, ele consegue se virar, porque já dominou todos os sentimentos paralisantes no momento em que aprendeu a potencializar outras formas de contato com o mundo externo.

Não enxergar já é muito ruim. Agora, imagine estar nessa condição no meio de uma crise?

No momento em que escrevo este livro, as pessoas estão sem enxergar. Há uma espécie de "cegueira" tomando conta das pessoas em meio a tantos conflitos e à maior crise sanitária que se alastrou pelo mundo nos últimos tempos. Trata-se de um problema gigantesco que a humanidade como um todo tem enfrentado, causado pela pandemia por covid-19; a ela, aliam-se outros problemas, como a crise financeira e a crise emocional, que também atingiram o mundo todo.

O PROBLEMA É SEU

Além da crise coletiva, existe a crise pessoal, ocasionada pelos problemas individuais, porque, independentemente do cenário que tivemos em 2020, os seus problemas pessoais continuam, quer nos relacionamentos, quer nas finanças, quer na área profissional.

Diante de tudo isso, é muito provável que você não consiga ver o próximo passo.

Ultimamente, muitas pessoas têm me perguntado: "Tiago, como vai ser o mundo agora?". Ou seja, qual é o próximo passo? "Tiago, como é que vai ficar a minha empresa agora, porque eu estou há dois meses sem trabalhar." Em outras palavras, qual é o próximo passo financeiro? "Tiago, eu estou meio ansioso, meio depressivo, o que faço?" Isto é, qual é o próximo passo emocional?

Quando as pessoas não veem o próximo passo, elas começam a se sentir paralisadas, porque os sentimentos negativos começam a surgir e tentam dominar as emoções.

Talvez você não esteja vendo o próximo passo, mas um cego de nascença, ou quem é cego há muito tempo, aprendeu a usar outros sentidos, como, por exemplo, a audição. A privação da visão fez que ele desenvolvesse uma sensibilidade maior nos ouvidos; por isso, ao bater com a bengala nos lugares, ele consegue medir e calcular as distâncias e saber por onde prosseguir.

Diante da privação da visão, o ser humano tem a possibilidade de aprimorar a escuta, o que, aliás, é primordial para ouvir a voz da Sabedoria, conforme discutido no capítulo anterior. Além disso, apresentarei a seguir as histórias de dois homens, ambos cegos, que provam que há um ponto crucial no processo da cegueira, que, na realidade, não representa o fim, mas o princípio de tudo.

O cego de Jericó

Esta história está no livro de Marcos (10.46-52) e conta que Jesus estava saindo de Jericó na companhia de seus discípulos e de uma grande multidão quando, bem na hora, Bartimeu, que era cego, estava sentado mendigando no meio do caminho. Além de cego, era mendigo.

Ouvindo que Jesus de Nazaré passava por ali, Bartimeu começou a clamar: "Jesus, Filho de Davi, tem misericórdia de mim!".

Preste atenção: os olhos daquele homem estavam fechados. Os olhos não podiam enxergar, mas os ouvidos estavam abertos, e a boca clamava. O problema é quando você fica cego no meio de uma crise, não enxerga no meio de um problema e não desenvolve os outros sentidos. Até porque *a fé não vem pelo que você vê. A fé vem pelo que você ouve.*

Então, Bartimeu ouviu Jesus e começou a implorar, mas logo começou a ser repreendido por muitas pessoas que estavam à sua volta. Elas queriam que ele se calasse, mas, em vez disso, ele clamou ainda mais: "Filho de Davi, tem misericórdia de mim!".

O PROBLEMA É SEU

Perceba: no meio de uma crise de cegueira e de uma vida de mendicância e miséria, aquele homem não podia enxergar porque era cego, mas podia escutar as pessoas certas. Como ele sabia que Jesus passaria na porta de Jericó? Porque ele decidiu escutar as pessoas que traziam as boas notícias, não as más notícias. Como você viu, o pessoal das más notícias apareceu também, porque tentaram silenciá-lo, mas ele já estava diante da oportunidade e não a perderia por nada.

Ele era cego, mas não surdo. Ele não enxergava, mas ainda tinha boca para clamar. O problema é quando uma deficiência sua, um problema seu, uma crise sua paralisa todas as outras áreas. Bartimeu não se permitiu dar por vencido, apesar da cegueira. Ele sabia onde Jesus estava, sem ter acesso a um GPS; ele sabia onde o Mestre estava, mesmo que não houvesse jornal para anunciar; não havia Facebook nem Instagram para mostrarem a agenda de Jesus. Ainda assim, ele sabia, pois, no meio da cegueira, ele não via o passo seguinte, mas estava escutando as pessoas certas que o fizeram chegar até Jesus.

> Quem você escuta no meio da crise? As pessoas que dizem onde Jesus está ou as pessoas que o repreendem quando você tenta acertar?

Então, Bartimeu não foi curado porque viu Jesus. Ele foi curado porque o ouviu, e a fé vem pelo ouvir, e ouvir a voz da Sabedoria. Foi assim que Bartimeu entrou para a História. Ele foi curado e saiu da mendicância. Dois mil anos depois, continua fazendo parte de uma história real que nos atinge. Isso porque, no meio da crise e da cegueira, ele simplesmente estava escutando.

O cego de Betsaida

A história desse outro homem cego também está escrita em Marcos (8.22-26).

Quando Jesus chegou a um lugar chamado Betsaida, algumas pessoas trouxeram-lhe um cego e começaram a pedir ao Mestre que o tocasse.

Então, Jesus tomou aquele cego pela mão, levou-o para fora da aldeia e, chegando lá, cuspiu-lhe nos olhos. Em seguida, impôs as mãos sobre os olhos dele e perguntou-lhe se conseguia enxergar alguma coisa.

Foi então que o homem levantou os olhos e disse: "Vejo os homens, mas os vejo como árvores que andam".

Depois disso, o Mestre tornou a colocar as mãos sobre os olhos do cego e fez o homem olhar para cima. Foi assim que ele foi restaurado, e passou a ver todos perfeitamente.

A história do homem cego de Betsaida é ainda mais profunda, porque ele não estava escutando ninguém, mas cercado de pessoas que o levaram para o lugar certo. A Sabedoria Milenar diz que "trouxeram um cego a Jesus, suplicando-lhe", ou seja, as pessoas que estavam com o cego, seus amigos, imploraram a Jesus que o curasse.

No meio da cegueira, o homem estava cercado de boas pessoas. Quando não conseguimos enxergar o próximo passo a dar, precisamos ao menos estar cercados de pessoas que nos guiem rumo ao lugar certo. Aquelas pessoas não o levaram a nenhum outro destino, a não ser Jesus, ou seja, ao lugar da oportunidade.

Bartimeu foi curado por escutar as pessoas certas, apesar de não ver; e esse cego em Betsaida foi curado porque estava cercado de pessoas que o levaram até o Mestre.

Eu não sei por qual tipo de cegueira você está passando, mas sei que muitas pessoas não conseguem enxergar o próximo passo no meio de uma crise. Muitas não conseguem vencer os desafios no meio da aflição. No entanto, *para que a sua fé seja ampliada, os seus olhos não serão requisitados, mas, sim, os seus ouvidos.*

Então, por mais que você não esteja vendo, se está escutando, anime-se, pois a sua fé é aumentada justamente durante as crises da vida. Uma vez que ela aumenta, os milagres aumentam, assim como os sinais, prodígios e maravilhas.

Portanto, há dois aspectos sobre os quais você precisa decidir:

1. Quem você escuta em tempos de cegueira?

2. Com quem você anda durante esses períodos?

Porque são esses dois grupos de pessoas, as que proferem contra você ou a seu favor, e as que o levam pela mão para guiá-lo para o próximo passo, que serão decisivas no seu futuro.

Em 2020, a crise que você, o Brasil e o mundo atravessaram expôs enormes fragilidades, ou um círculo de problemas que se repetem continuamente. Há pessoas que não mais aguentaram a família. Porque descobriram que o trabalho não era um meio de sobrevivência, mas de fuga. Já não suportavam ficar em casa, por isso o trabalho não era apenas sua forma de sustento, mas também um escape diante das necessidades. Não é à toa que as famílias estão se destruindo, os casamentos acabando e a violência doméstica aumentando.

Mas nem tudo está perdido, pois a boa notícia é que, no meio de toda crise, há três motivos que o ajudarão a aceitar o processo de "cegueira" e principalmente entender por que você ainda não consegue enxergar qual é o próximo passo diante dos problemas.

1º motivo: Deus fala com você quando você não consegue enxergar

Jeanine e eu diversas vezes não enxergamos o próximo passo em várias fases da nossa vida. Talvez você não veja qual é o próximo passo financeiro, emocional, familiar ou espiritual, mas o primeiro motivo para você aceitar esse processo na sua vida é que Deus permitiu, e isso significa que ele quer ensinar a você algumas coisas. No meio desse processo, embora não veja, os seus ouvidos estão abertos; portanto, você pode escutar. A Sabedoria em pessoa fala com você em tempos difíceis, fala com você quando você não consegue ver; aliás, essa é a condição mais favorável, porque, quando consegue ver, fica muito seguro de si e age do seu próprio jeito.

> **Quando você não consegue ver, a sua audição fica mais sensível, e isso é o que Deus está procurando em você; sensibilidade para ouvi-lo.**

2º motivo: O coração contrito pela cegueira aproxima-o de Deus

"Eu não estou conseguindo ver! Será que, se eu descer por aqui, vou cair?" A falta de visão, que não deixa você ver o próximo passo e provoca o medo e a angústia, prepara o seu coração para se aproximar de Deus, pois ele tem predileção por um coração quebrantado, e este é o segundo motivo.

Com base nessa condição, você estará pronto para acessar o seu verdadeiro propósito, pois as pessoas que se tornam instrumentos de Deus aqui não precisam ter habilidades especiais nem experiência. Basta ter um coração contrito e quebrantado. O lado bom das crises é que elas nos deixam no escuro, tornando-nos mais suscetíveis a escutar e preparar o nosso coração para chegar ao estado favorito de Deus. A Bíblia diz que Deus não resiste a um coração quebrantado.

3º motivo: Você enfim romperá o casulo para voar

No processo pelo qual você passa ao enfrentar uma crise, o seu passado deixa de existir, bem como a forma de encará--lo. Mesmo na escuridão e sem enxergar, você se vê em uma nova forma. A melhor maneira de exemplificar essa dinâmica é comparando esse processo à metamorfose da lagarta em borboleta.

> Agora você está mais sensível, não vê nada, mas pode escutar melhor, e o seu coração está perfeitamente aberto.

A lagarta entra em um casulo, e o casulo é apertado, escuro e solitário. Assim como acontece com a lagarta, não dá para você entrar em um casulo (no processo) e pedir a alguém que lhe faça companhia: "Vamos comigo, amiga! Vamos passar esse processo juntas!". Simplesmente não dá. A lagarta entra sozinha, assim como você, nesse local solitário e escuro, no qual ela não consegue ver nada. Nesse ambiente, a cegueira é total. No entanto, a estrutura, aquela forma do passado que era de lagarta, vai ficar para trás, porque, quando ela terminar de passar pelo aperto do casulo, terá asas para voar.

• • •

A sua situação atual pode ser chamada de processo, cegueira, desespero. Chame como queira, pois o importante é que você

> **É no tempo de escuridão que Deus pega a sua estrutura do passado, que não vai mais servir daqui para a frente, e deixa no passado. Você passa pelo período apertado, escuro e solitário, que é o casulo, e enfim sai voando como uma borboleta.**

pode dispor desses três motivos para aproveitar esse tempo.

A sua audição está sendo apurada justamente porque você não está vendo o próximo passo, e você já sabe que é a escuta que fará toda a diferença no caminho.

O seu coração está sendo preparado, e será dessa maneira que você poderá viver o seu propósito. Com um coração quebrantado e humilde, não há espaço para o orgulho, um dos maiores inimigos da sabedoria.

Você já percebeu que ultimamente o seu orgulho está diminuindo?

Você já reparou que antes vivia cheio de razão e agora está começando a ficar mais humilde?

É o que a cegueira faz com as pessoas.

Aqueles que ouvem a voz da Sabedoria cumprem o primeiro ponto, que é ouvir, e começam a ficar mais humildes, até que finalmente estejam preparados para transbordar na vida de outras pessoas, pois mudaram de forma e valor.

Enxergando o próximo passo

O SEGREDO DA RESOLUÇÃO DOS PROBLEMAS

Como dissemos, os períodos de crise invariavelmente são carregados de problemas. Muitas pessoas quebram em diversas áreas da vida. Quebram na área emocional, familiar, financeira, mas também quebram espiritualmente, pois acabam perdendo a fé.

As crises coletivas são ainda mais desafiadoras, pois nesses períodos o mundo todo fica sem entender o próximo passo. Ninguém sabe como será a vida financeira no futuro ou como será a nova realidade — o que em 2020 ficou conhecido como o "novo normal". Daqui a alguns anos, certamente você se lembrará dos principais questionamentos que surgiram nesta época: "Minha empresa vai voltar agora, ou eu vou ter que ficar *on-line* para sempre?"; "E as escolas, as faculdades, as igrejas, quando vão voltar?".

> A cegueira veio para você dominar os sentimentos negativos e desenvolver outras habilidades que são necessárias para você dar os próximos passos.

Na atual crise coletiva, todas as pessoas estão em casa, lidando com o mundo virtual, e ninguém sabe como será o futuro, pois estamos todos igualmente cegos. Os políticos, os governantes, o povo; ninguém sabe de nada, e não há como prever. No entanto, preste muita atenção: não foi a cegueira que fez isso. A cegueira veio

O PROBLEMA É SEU

para você dominar os sentimentos negativos e desenvolver outras habilidades que são necessárias para você dar os próximos passos.

Lembre-se de que Bartimeu não foi curado porque estava vendo o próximo passo, mas porque ouviu que Jesus estava passando por perto. Por essa razão, o mais importante está em você desenvolver a habilidade de ouvir, além de ter cuidado em saber a quem escuta. Quem escutar com atenção, ainda que não veja, sairá na frente.

Essa cegueira não vai paralisar você, pois **a Sabedoria em pessoa falará de uma forma que você entenda**. Ela usará as pessoas que estão ao seu redor, assim como fez com o cego de Betsaida, que foi curado não porque tinha uma fé sobrenatural, mas porque estava cercado das pessoas que tinham fé, com ele, para levá-lo até o Mestre. Por isso, cuidado com quem você anda nesse período. Você não tem como prever a atitude das muitas pessoas que cruzam o seu caminho, mas esteja atento.

Por exemplo, não permito que qualquer pessoa fale comigo em períodos de crise, nem aceito tomar um cafezinho para escutar qualquer pessoa em épocas como a que vivemos. Em dias normais, se alguém me convida para uma conversa, e vejo que posso e tenho tempo, aceito sem problema; mas, em períodos de crise, não!

O que entra pelos ouvidos chega ao coração; portanto, em períodos de crise, só escuto aqueles que me levarão para o lugar

Enxergando o próximo passo

onde está a Sabedoria em pessoa. Durante toda a vida, temos que assumir essa postura, mas devemos intensificar essa atitude, principalmente quando enfrentamos épocas de crises.

Digo mais: não se exponha a nada que não o edifique, pois a negatividade nos enfraquece. Nesse período, escute o que fará você caminhar ao lado da Sabedoria, escute o que o levará a ter a companhia do Mestre. Se você puder manter essa atitude durante toda a sua vida, perfeito, mas eu não estou aqui para ensinar doutrina nem religião.

Dê ouvidos ao que puser você à porta da oportunidade, assim como Bartimeu ficou à porta de Jericó, onde Jesus estava passando.

O maior desejo do Senhor é que você se torne mestre na resolução dos seus próprios problemas. Por isso, ele já traçou todo um projeto e um plano para a sua vida que vai se cumprir; basta escutar as pessoas certas, andar ao lado daquelas que vão direcioná-lo para a oportunidade e, principalmente, ouvir a voz da Sabedoria, que sempre caminha ao seu lado.

Não pense que a cegueira é o fim, pois ela pode ser o início da melhor fase da sua vida. Este é o segredo da resolução de problemas.

Por mais que você não esteja vendo, continue escutando.

Paz e prosperidade!

• • •

Para finalizar este capítulo, entenda que:

- Quando surge uma "cegueira" em tempos de crise, fica difícil enxergar os próximos passos, mas a falta de visão amplia a audição, fundamental para escutar a voz da Sabedoria em pessoa.
- Há três motivos para não desanimar em meio ao processo de cegueira: sua audição, seu coração e todo o seu ser serão transformados para viver o extraordinário.
- Não enxergar o próximo passo não representa o fim, mas, sim, o começo do que você tem para viver neste mundo e alcançar o futuro que o espera.

AINDA QUE VOCÊ NÃO ENXERGUE O PRÓXIMO PASSO, NÃO TROPEÇARÁ EM NENHUMA PEDRA, POIS DEUS APLAINARÁ OS CAMINHOS PARA VOCÊ PASSAR. PORTANTO, POR MAIS QUE VOCÊ NÃO ESTEJA VENDO, CONTINUE ESCUTANDO.

APLICAÇÃO

1. Você já chegou a ter, ou neste momento está enfrentando, uma cegueira em razão de alguma crise? Como você costumava reagir antes e o que passará a fazer após a leitura deste capítulo? Comente.

2. Você já fugiu de apertos semelhantes ao do casulo que discutimos neste capítulo? O que você faria diferente se soubesse da transformação que esse processo causa? Comente.

Enxergando o próximo passo

3. Você tem observado a quem tem dado ouvidos e com quem tem andado? Comente quais mudanças você deverá fazer para ouvir e ser conduzido pelas pessoas certas no seu caminho.

CONCLUSÃO

"Problema todo mundo tem!" Quantas vezes você já falou isso? Quantas vezes já disseram isso para você? Realmente é verdade: problema todo mundo tem! Sabedoria para lidar com os problemas é que não!

Durante o tempo em que estudamos juntos o Livro da Sabedoria Milenar e nos aproximamos mais da Sabedoria em pessoa, aprendemos muito sobre como lidar com os problemas.

Aproveito a conclusão desta obra para enfatizar alguns itens extremamente importantes.

O primeiro item é aprender com a Sabedoria em pessoa que, quando você cria problemas para si mesmo, você é quem deve resolvê-los.

Jesus usa a parábola do filho pródigo para nos ensinar isso. O filho pródigo criou um problema quando pediu sua parte da herança e, desonrando seu pai, foi embora de casa e gastou todo o dinheiro de forma leviana. Ele ficou sem família e sem dinheiro.

Contudo, a parábola não termina assim. O filho pródigo caiu em si, e isso é muito importante! Ele fez uma autoanálise e entendeu que ele mesmo deveria resolver o problema que tinha criado. Então, criou um plano de ação – ser humilde e pedir perdão ao pai por seu erro – e colocou-o em prática.

Com essa atitude, o problema foi resolvido.

O segundo deles é aprender a resolver os seus problemas imediatamente com a Sabedoria em pessoa. Quando Jesus nos ensina a dar a outra face para aqueles que nos agridem, em Mateus 5, ele está nos ensinando a resolver cinco anos de problemas com uma única atitude.

Ao oferecer a outra face ao seu ofensor, você pode até se achar o mais fraco ou tolo (as pessoas ao seu redor também podem achar isso a seu respeito). Contudo, na verdade, se você escolher revidar, acabará gastando cinco anos preciosos do seu tempo – cinco anos na justiça, cinco anos gastando dinheiro, cinco anos mandando indireta na internet, cinco anos se desgastando emocionalmente e espiritualmente, cinco anos diminuindo seu contato com Deus. É importante compreendermos que aquele que está debaixo de ódio e vingança não consegue ter contato com Deus, porque Deus é amor.

Então, quando Jesus fala para você oferecer a outra face, ele está ajudando você a ganhar tempo, a resolver os seus problemas imediatamente sendo humilde.

Conclusão

Voce até pode ter provocado outros problemas, mas Deus está à frente para te proteger.

Lembre-se de que há três tipos de problemas:

1. Os que você cria e você resolve;
2. Os que surgem diante de você e você pode resolver imediatamente cedendo a outra face;
3. Os que você cria e somente a Sabedoria pode ajudar você a resolver.

Este é o momento em que você diz: "Mas não existem só esses tipos de problemas, Tiago!", ao que eu respondo: "No fim das contas, para cada tipo de problema, você precisará de uma porção nova de sabedoria para resolver!".

Vimos neste livro a importância de pensar como Deus pensa e agir como ele agiria se estivesse na nossa pele. Aprendemos a alcançar a sabedoria e, principalmente, qual é o caminho para solucionar problemas, ainda que pareçam difíceis: a chave de tudo é a humildade! Assim, se o orgulho não fizer mais parte da sua caminhada nesta terra, 90% dos seus problemas começarão a ser resolvidos.

Paz e prosperidade!

OUTRAS OBRAS DE
TIAGO BRUNET
POR EDITORA VIDA

12 DIAS PARA ATUALIZAR SUA VIDA

Preparado para atualizar sua vida?

Neste livro, Tiago Brunet explora 12 chaves que vão atualizar a sua vida e também prover profundas reflexões sobre uma liderança que faz diferença e que está ao seu alcance. Traçando instigantes metáforas entre o nosso dia a dia e a atualização do sistema operacional de um *smartphone*, o autor nos mostra que para baixarmos novos aplicativos (habilidades) em nosso sistema (mente) devemos ter bateria suficiente (inteligência emocional), espaço na memória (apagar o velho e dar espaço ao novo) e estar conectados a uma boa rede de dados (rede infinita de conhecimento e informações — a sabedoria).

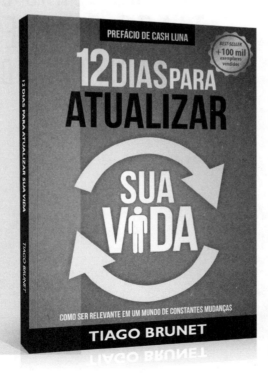

Dimensões: 16x23 cm
Páginas: 232
Acabamento: Brochura
ISBN: 978-85-383-0352-7

O MAIOR PODER DO MUNDO

Conquiste uma vida extraordinária!

Todas as pessoas desejam ter uma vida extraordinária! Para chegar ao destino almejado, no entanto, é preciso mais do que disposição ou perseverança; é preciso adquirir *poder*.

Muitos são os poderes que influenciam a humanidade e que estão à nossa disposição. Neste livro, porém, estão listados os oito poderes imprescindíveis para quem estabeleceu o sucesso como alvo de vida: *informação, dinheiro*, networking, *sabedoria, sonho, fé, amor* e... O MAIOR PODER DO MUNDO, que levará você a alcançar patamares além de suas maiores expectativas.

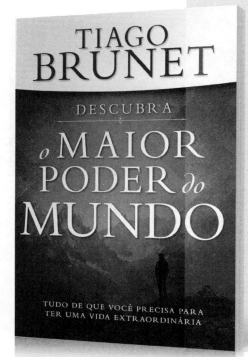

Dimensões: 13,5x21 cm
Páginas: 208
Acabamento: Brochura
ISBN: 978-85-383-0375-6

DINHEIRO É EMOCIONAL

Saúde emocional para ter paz financeira

Se dinheiro é emocional, primeiro precisamos estar convictos de que somos saudáveis emocionalmente, para depois pensar em ganhar e administrar recursos.

Em *Dinheiro é emocional*, Tiago apresenta como sua experiência como *coach* e mentor de dezenas de líderes empresariais, políticos e religiosos o levou a entender como o que controla nossas emoções também governa o nosso destino financeiro. Dinheiro no bolso sem propósito é dinheiro perdido.

Dimensões: 13,5x21 cm
Páginas: 144
Acabamento: Brochura
ISBN: 978-85-383-0372-5

RUMO AO LUGAR DESEJADO
Os segredos do desenvolvimento pessoal

"Minha história de superação, neste traçado no tempo que é a vida, me fez descobrir, praticar e escrever os tópicos desta obra. As pessoas andam por aí sem rumo, sem direção. Dificilmente alguém que conheça o caminho está disponível para ajudar.

A intenção deste livro é colocá-lo na estrada rumo ao lugar desejado na sua vida pessoal, profissional e financeira. Sendo pretensioso, porém humilde, gostaria de ser o cocheiro da carruagem que o levará até esse destino." — Tiago Brunet

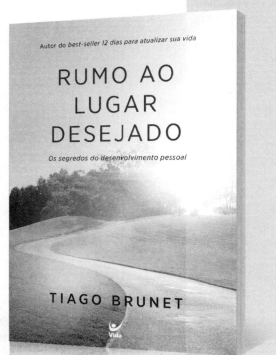

Dimensões: 13,5x21 cm
Páginas: 192
Acabamento: Brochura
ISBN: 978-85-383-0360-2

Esta obra foi composta em *Maxime Std*
e impressa por Gráfica Eskenazi sobre papel
Pólen Soft 70 g/m² para Editora Vida.